中国传统文化数字化传承与开发

韩 洁 ◎ 著

吉林出版集团股份有限公司

版权所有　侵权必究

图书在版编目（CIP）数据

中国传统文化数字化传承与开发 / 韩洁著.
— 长春：吉林出版集团股份有限公司，2023.8
ISBN 978-7-5731-4223-8

Ⅰ．①中… Ⅱ．①韩… Ⅲ．①中华文化—数字化—研究 Ⅳ．①K203-39

中国国家版本馆CIP数据核字（2023）第176514号

中国传统文化数字化传承与开发

ZHONGGUO CHUANTONG WENHUA SHUZIHUA CHUANCHENG YU KAIFA

著　　者	韩　洁
出版策划	崔文辉
责任编辑	刘虹伯
封面设计	文　一
出　　版	吉林出版集团股份有限公司
	（长春市福祉大路5788号，邮政编码：130118）
发　　行	吉林出版集团译文图书经营有限公司
	（http://shop34896900.taobao.com）
电　　话	总编办：0431-81629909　营销部：0431-81629880/81629900
印　　刷	廊坊市广阳区九洲印刷厂
开　　本	710mm×1000mm　1/16
字　　数	250千字
印　　张	14
版　　次	2023年8月第1版
印　　次	2024年1月第1次印刷
书　　号	ISBN 978-7-5731-4223-8
定　　价	78.00元

如发现印装质量问题，影响阅读，请与印刷厂联系调换。电话：0316-2803040

前言

中国传统文化源远流长，博大精深，它是中华文明演化而汇集成的一种反映我们的民族特质和风貌的民族文化，是民族历史上各种思想文化、观念形态的总体表征，是中华民族几千年文明的结晶。中国传统文化在人类文化史上有着重要的地位和作用。但进入新世纪以来，随着中国经济的迅猛发展，以及与世界其他民族经济和文化交流的日益频繁，中国传统文化的地位和作用受到了外来文化的挑战。在这种形势下，我们很有必要向学生系统地介绍中国传统文化知识，以便学生树立正确的世界观、人生观、价值观。

数字化保护，是实现优秀传统文化优质资源共享及系统规范整理的有效途径。应用网络信息技术和多媒体技术，按照行业规范和职业标准，政、校、企行共建优秀传统文化传承与创新教学资源库，满足文化创意产业转型升级需要，满足培养优秀传统文化传承创新人需要，满足优秀传统文化终身教育和大众化传播需要，解决资源与需求的突出问题，实现优质资源共享，不断促进优秀传统文化资源条理化、结构化和系统化的加工和整理。

本书主要研究中国传统文化数字化传承与开发方面的问题，涉及丰富的中国传统文化知识。主要内容包括中国传统文化的知识、中国传统文化的基本精神、类型、特征等，中国传统文化的数字化系统的搭建与保护路径等。本书在内容选取上既兼顾到知识的系统性，又考虑到可接受性，同时强调数字化技术的应用性。本书涉及面广，技术新，实用性强，使读者能理论结合实践，获得知识的同时掌握技能，理论与实践并重，并强调理论与实践相结合。本书兼具理论与实际应用价值，可供相关教育工作者参考和借鉴。

　　由于笔者水平有限，本书难免存在疏漏之处，敬请广大学界同人与读者朋友批评指正。

目 录

第一章　中国传统文化概述 …………………………………… 01
 第一节　中国传统文化的概念 …………………………………… 01
 第二节　学习中国传统文化的意义 ……………………………… 11
 第三节　学习中国传统文化的方法 ……………………………… 16
 第四节　中国传统文化元素与现代文化的融合 ………………… 17

第二章　中国传统文化的生境 ………………………………… 41
 第一节　中国传统文化发生的地理条件 ………………………… 42
 第二节　中国传统文化植根的经济基础 ………………………… 49
 第三节　中国传统文化依托的社会环境 ………………………… 58

第三章　中国传统文化的历史演变 …………………………… 65
 第一节　先秦：中国传统文化的萌发与争鸣 …………………… 66
 第二节　秦代至六朝时期：中国传统文化的统一与多元 ……… 80
 第三节　隋代至元代：中国传统文化的成熟与辉煌 …………… 88
 第四节　明清：中国文化的继往与开来 ………………………… 98

第四章　中国传统文化的基本精神 …………………………… 103
 第一节　中国传统文化基本精神解读 …………………………… 104
 第二节　中国传统文化基本精神的内容 ………………………… 107
 第三节　中国传统文化基本精神的功德 ………………………… 118

第五章　中国传统文化的类型与特征 ································ 125
第一节　中国传统文化的类型 ································ 126
第二节　中国传统文化的特征 ································ 133

第六章　中国传统文化的传承与发展 ································ 139
第一节　中国传统文化的认同与传承 ································ 139
第二节　中国传统文化的继承与发展 ································ 141

第七章　中国传统文化数字化系统的搭建 ································ 149
第一节　民族文化数字化系统的概述 ································ 149
第二节　民族文化数字化系统研究开发思路与目的 ································ 150
第三节　系统分析 ································ 151
第四节　系统流程分析 ································ 153
第五节　系统开发流程 ································ 158

第八章　传统文化数字化保护的内容与手段 ································ 161
第一节　数字化保护意义 ································ 161
第二节　数字化保护内容 ································ 165
第三节　数字化保护准则和原则 ································ 168
第四节　数字化保护手段 ································ 172

第九章　非物质文化遗产教育化传承的路径 ································ 176
第一节　保护与传承载体 ································ 177
第二节　教育化传承的现状与目的 ································ 181
第三节　教育化传承的方式与路径 ································ 184

参考文献 ································ 216

第一章 中国传统文化概述

第一节 中国传统文化的概念

一、"文化"概述

每个中国人都可以随口举出诸多中国文化的象征物,大到长城、兵马俑、故宫、颐和园,小到苏扇、玉佩,具体到日常生活的各个方面。文化是人类社会特有的现象,是一个有机的系统。我们每个人都处在这个系统之中,谁也离不开文化。文化是人类实践活动的产物,反过来又制约着人类的行为。人类生存、发展的过程,同时就是选择文化、创造文化的过程。

"文化"是我们日常生活中使用频率最高的词汇之一,其含义比较宽泛。在中国古代语言系统中很早就出现了"文化"一词。

在甲骨文中,"文"字如同一个人,正面站着,这个人的胸口有一个交错的图案,图案较简单,可能是文身,也可能是衣服上的花纹,这是"文"的初义。文是外在的美好的东西,而它的美好也代表某种内在的东西,且和内在的东西一致。"文"的本义,指各色交错的纹理。《易·系辞下》记载:"物相杂,故曰文。"《礼记·乐记》称:"五色成文而不乱。"《说文解字》称:"文,错画也,象交文。"均指此义。

"化",本义为改易、生成、造化、改变。"文"与"化"并联使用,最早出于《易·贲卦·象传》:"观乎天文以察时变,观乎人文以化成天下。""人文"当指人类社会关系的构成及其规律,包括文明礼仪、人伦道德在内。而"人文"与"化成天下"相结合,实际已具备了"以文教化"的"文化"一词的基本内涵。唐代孔颖达在《五经正义》一书中解释道:"观乎人文以化成天下者,言圣人观察人文,则诗书礼乐之谓,当法此教而化成天下也。""文""化"的意思是指以"人文"来"教化"。汉代以后"文"与"化"方结合生成"文化"整词。刘向在《说苑·指武》中说:"圣人之治天下也,先文德而后武力。凡武之兴,为不服也,文化不改,然后加诛。"南齐王融在《曲水诗·序》中云:"设神理以景俗,敷文化以柔远。"文化的意义是以体现伦理道德、政治秩序的诗书礼乐教化世人,与"武力""武功""野蛮"相对应,说明此词包含一种正面的理想主义色彩,既有政治内容,又有伦理意义。可见中国古代的"文化"乃主谓结构,属于狭义的文化范畴。作为一种治理社会的方法和主张,它既与武力征服相对立,又与之相联系,相辅相成,所谓"先礼后兵""文治武功"。这种政治主张构成的古代的"文治主义"对中国政治文化影响深远。

　　文化在汉语中实际是"人文教化"的简称。前提是有"人"才有文化,意即文化是讨论人类社会的专属语;"文"是基础和工具,包括语言或文字;"教化"是这个词的真正重心所在。作为名词的"教化"是人群精神活动和物质活动的共同规范,同时这一规范在精神活动和物质活动的对象化成果中得到了体现,作为动词的"教化"是共同规范产生、传承、传播及得到认同的过程和手段。

　　文化作为一种学术用语,最早出现在英国人泰勒1865年所著的《文明的早期历史与发展之研究》,六年后他在著名的《原始文化》一书中将其作为中心概念作了系统的阐释,从此被学界所沿用而流传下来。他写道:"文化或文明,就其广泛的民族学意义来说,乃是包括知识、信仰、艺术、道德、法律、习俗和任何人作为一名社会成员而获得的能力和习惯在内的复杂整体。"在他看来,文化是一个综合体,不仅包括知识、信仰等精神生活现象,还应该包括人们从社会生活中获得的能力和习惯等。这个关于文化的基础性定义被提出后,对学术界产生过重大影响,至今仍受到人们的重视,被许多论著所引述。

文化通常有广义和狭义之分。广义文化指人类在社会历史实践过程中对物质财富和精神财富的创造活动、创造方式和创造成果的总和。也就是说,人的物质生产和精神生产,包括生产活动过程和生产的方式方法,由这些生产创造出来的物质产品、精神产品和社会关系的诸多形式,都是文化,都属于文化范畴。这样的文化,涉及人类社会生活从生产力到生产关系,从经济基础到上层建筑和意识形态的各个领域。广义的文化几乎囊括人类的整个社会生活,是与自然现象不同的人类社会活动的全部成果。这可以用黑格尔的名言"文化是人类创造的第二自然"来说明。狭义的文化,指意识形态、精神文化以及与之相适应的制度和组织结构。具体地说,狭义的文化主要包括政治思想、伦理道德、哲学观念、文学艺术,宗教崇拜等社会意识的各种形式,以及相应的政治法律制度、仪式活动、生活习惯和人们的理想追求、情感意志,道德信仰等等。

概括来讲,文化是一个社会历史范畴,是人类社会特有的现象,是以人的活动方式以及由人的实践活动而创造出的物质产品和精神产品为其内容的系统,是人类社会历史发展的一个重要标志。文化的主体是人,客体是客观世界。所谓"文化"不是不受人影响而自然形成的自然物,而是人在社会实践过程中认识世界、改造世界所创造的一切成果的总和。

二、文化的结构

笼统地说,文化是一种社会现象,是人们长期创造形成的产物,同时又是一种历史现象,是社会历史的积淀物。确切地说,文化是指一个国家或民族的历史、地理、风土人情、传统习俗、生活方式、文学艺术、行为规范、思维方式,价值观念等。

文化是一个复杂的总体,可以理解为一个具有不同层面并且各层面间具有互动作用的一个完整的系统。如美国学者克罗伯·克拉克洪所概括的:

"文化是包括各种外显或内显的行为模式；文化通过符号的运用使人们习得及传授，并构成人类群体的显著成就，包括体现于人工制品中的成就；文化的核心包括由历史衍生及选择而成的传统观念，尤其是其价值观念；文化体系虽可被认为是人类活动的产物，但也可视为限制人类作进一步活动的因素。"

文化的内部结构包括下列三个层次：物质文化、制度文化、精神文化。

（一）物质文化

物质文化又称物态文化，是人类所从事的物质生产活动及其结果的总和，是构成整个文化的基础，是文化中最活跃的因素。物质文化以满足人类自身生存发展所必需的衣、食、住、行等各种条件为目标，直接反映人与自然的关系，反映了人类对自然的认识、利用和改造的程度和结果，包括可触知的具有物质实体的文化事物。人类在漫长的发展过程中，一直在利用周围的自然环境来为自己的生存服务，并逐渐丰富和改变着自身的物质文化。为了维持生存，原始人使用粗糙简陋的石器获取食物，穿的是树叶和兽皮，住的是山洞或窝棚，行走靠徒步。进入奴隶社会和封建社会以后，随着劳动工具和工艺技术的不断发展进步，人类的物质文化随之不断发生变化，穿着逐渐美丽讲究，以至形成了内容丰富的服饰文化；食物逐渐丰富多样，以至形成了风格各异的饮食文化；居住逐渐舒适美观，以至形成了绚丽多彩的建筑文化；行走逐渐快捷方便，以至形成了匠心独运的车船文化。这些都是以物质生产的发展和物质文化的创造为必要前提的。

物质文化中不仅积淀着制度文化的因素，同时也凝聚着精神文化的内涵。在传统农业宗法社会里，人们根据不同的年龄、职业、辈分等，对个人的衣食住行作了明确规定。单就服饰而言，封建时代不同品级的官员在服饰的颜色、形制、质地、图案等方面都有显著的差别。品官等级不同，其品服的颜色、形制、质地也不同，以示尊卑。《唐会要·章服品第》载：唐朝官员"三品以上服紫，四品、五品以上服绯（大红），六品、七品以绿，八品、九品以青。妇人从夫之色"。

（二）制度文化

制度文化是人类在社会实践过程中所建立的各种行为规范、准则的总和，包括婚姻、家庭、政治、经济、宗教等制度。人的物质生产活动是一种社会的活动，只有结成一定的社会关系才能进行。人类创造物质财富的同时，又创造了一个属于他们自己、服务于他们自己同时又约束他们自己的社会环境，创造出一系列处理人与人相互关系的准则，并将它们规范化为社会经济制度、婚姻制度、家族制度、政治法律制度，和家族、民族、国家、经济、政治、宗教社团、教育、科技、艺术组织等等。

制度文化是文化系统中最具权威的因素，它往往规定着文化的整体性质。制度文化建立在物质文化的基础上，其具有鲜明的时代性，同时又带有精神文化的深刻烙印。在中国封建社会里，知识分子一般都以"修身、齐家、治国、平天下"为理想的人生轨迹，以"穷则独善其身，达则兼济天下"（《孟子·尽心上》）为行为准则，而普通百姓则希望皇帝圣明、官吏清廉、天下太平、风调雨顺。

（三）精神文化

精神文化又称心态文化，是人类在长期的社会实践和意识活动中孕育升华出来的价值观念、道德情操、审美情趣、思维方式、宗教感情，民族性格等的总和，是文化整体的核心部分。精神文化同样具有较强的时代特征和民族特征。就文学艺术而言，人们在特定时代的愿望、要求、情趣必然通过当时的作品表现出来。以文学为例，中国人欣赏情节曲折生动、内容丰富的伦理叙事作品，西方人则更注重作品中人物深刻细致的心理刻画，体味人物的精神生活。

综上所述，物质文化、制度文化、精神文化虽属文化构成的不同层次，但同是一个有机的整体，相互间既有区别又有联系，它们相互依存、相互渗透、相互制约、相互推动。

三、文化的特征

文化是人类群体创造并共同享有的物质实体、价值观念、意义体系和行为方式,是人类群体的整个生活状态。文化的内隐部分为价值观和意义系统,其外显形态为各种符号,这些符号主要体现为物质实体和行为方式。

从普遍联系的角度看,世界上任何民族文化,都有特定的精神价值,都有一定的时代意义,都有对人类文明发展的特殊贡献。从文化的有机性来看,世界上不同民族的文化共同构成人类文化不可分割的整体,任何民族文化都不可能脱离人类文明发展的康庄大道。从一般意义上说,文化至少具有以下五个特征:

(一)时代性

对整个人类来说,文化是人的创造物,对于特定时间和空间的人而言,文化则是主要体现为既有的生存和发展框架。"每一民族的文化世界,都是一个不断延续、不断发展的存在系统,这个永远处于演变状态的存在系统,有它的过去、现在和将来。"人类文化是特定社会和特定时代的产物,是一个历史概念,不同的社会发展阶段必然有不同的时代文化。因此,文化的第一特征是时代性。

每一代人都生活在一个特定的历史文化环境下,他们很自然地从上一代那里继承传统文化,并根据时代需要对其进行传承和改造,以使其适应新的时代需要。从这个意义上讲,文化的时代性包含两方面的内容:传承和变异。正是通过世代传承积累,人类文化才会日益丰富起来。正是通过不断演变更新,人类文化才会不断进步。从石器时代、青铜器时代、铁器时代、蒸汽机时代到现在的信息时代,都是生产力发展水平提高和文化演变的结果。

文化的发展既有历史的连续性和稳定性,又有时代的变动性和现实性。任何民族的文化,就其内容而言,都是现实的时代精神的体现,都是前后相继的历史精神的延续。离开特定的时代,离开特定的社会实践条件,文化就会成为虚无缥缈的空中楼阁，成为不切实际的空谈。文化的发展正是从特定的时代精神中汲取养料，从一定历史阶段丰富多彩的现实生活中提取必要的材料，才能构成一定时代的文化内容和文化特质。

（二）地域性

文化随着人类的群体范围划分的不同而体现出差异。人类活动必须借助一定的空间条件才能进行，不同地域的自然条件、历史传统和人的思维方式各不相同，自然就会产生不同的文化。因此，文化的第二特征是地域性。

差异是自然界和人类社会的普遍规律。就世界而言，东方文化、西方文化、非洲文化迥异；就亚洲而言，大陆文化、高原文化、草原文化、沙漠文化各具特色；就中国而言，中原文化、关中文化、齐鲁文化、巴蜀文化、荆楚文化、吴越文化、岭南文化、香港文化千差万别，这些都是因特定的地域条件而产生的差别。

（三）民族性

不同民族的文化具有不同的特色，反映不同民族的个性。一个民族的文化又决定着这一民族不同于其他民族的特殊的规定性。文化可以理解为每一个民族独一无二的特征以及思考和组织生活的方式。当不同的社会集团分化整合为社会集团的时候，反映这种以社会集团利益为活动目的的社会文化，便会自然地带有民族文化的特征。特定民族所恪守的共同语言、风俗、习惯、性格、心理及利益，是民族文化的突出表现。文化的民族性能够反映特定民族的民族精神。民族精神是一个民族发展的内在凝聚力和推动力的集中体现，是不同民族文化的风格、气质相互区别的重要依据。文化的民族性反映出特定民族的价值追求、理想情操，是该民族精神力量和国民品性的体现。因此，透过文化的民族性，我们可以审视并进而把握特定民族的民族精神。反之，通过对特定民族的民族精神的解析，我们可以理解并厘定该民族文化的民族性。例如，中国传统文化属于趋善求治的伦理政治型文化，那么，文化的民族性便首先表现为道德修养的至高无上性和广泛性，以及政治追求的自觉性和普遍性。作为民族文化类型基本构成和外在表现的儒、道、墨、法等诸家思想，共同凝聚为与别的民族文化迥然不同的精神价值，体现了趋善求治的伦理政治型文化的独特风貌。作为民族文化心理重要表现的重义轻利、求稳怕变、重协同轻竞争等，同样也体现了风格独异的伦理政治型文化的特质。

（四）超自然性

文化，必须是人化，有人的活动痕迹，是与"自然"相对而言的概念。纯粹的自然物和自然现象不属于文化，把自然加工改造成为物质或精神产品，打上人类心智的印记，才是文化。文化即"人化"——依照人的价值、按人的理想改变世界和人本身，使之变得美、善、益、雅、自由、崇高。文化与自然相对而言，是对本能、兽性、蒙昧等特性的否定与扬弃。文化意味着让人的生存状态更自由，意味着让人的生存状态更完美和完善。日月星辰、风云雷电、山川河流、动物植物等本来不属于文化范畴，但面对日月星辰的运转，风云雷电的变幻，人们一方面感到惊恐惶惑，另一方面又激起了控制它们的欲望，于是在想象中把它们人格化，创造出有关日月星辰、风云雷电的神话，这就是文化了；山川河流、花草树木等本来也不属于文化，但人们在一些高山峻岭上刻字作画，建寺造观，编出一些流传千古的神话故事，就是文化了。文化意味着人创造人工的器物，文化意味着人自身的"人化"。人创造语言、神话、宗教、艺术科学等符号系统，使人生活在符号的意义世界中；人创造人特有的精神世界，极大地拓展了"人"的理念。

四、文化与文明

（一）文明概说

"文明"是与"文化"含义相近的古典词。"文明"之"文"，指文采、文英、文华；"明"指开明、明智、昌明、光明。二字联合而成的"文明"，其意为：从人类的物质生产（尤其是对火的利用）引申到精神的光明普照大地，唐人孔颖达疏解《尚书·舜典》中"睿哲文明"说："经天纬地曰文，照临四方曰明"；孔颖达疏解《易·乾·文言》"见龙在田，天下文明"说："天下文明者阳气在田，始生万物，故天有文章而光明也。"便揭示此种意蕴。中国古典文献也有将"文明"视作进步状态，与"野蛮"对应，如李渔《闲情偶寄》称"辟草昧而致文明"即为此例。

以"文明"对译"Civilization"，始于新教传教士郭士立编的中文期刊《东西洋考每月统计传》，虽然该刊出现"文明"一词不下十处，但这一译词当时在中国影响不大。明治时期的日本学人在译介西洋术语时，注意了对文化与文明两词的区分：以"文化"译"Culture"，以"文明"译"Civilization"。而与"文明"对应的英文词"Civilization"源于"城市"，表示城镇社会生活的秩序和原则，是与"野蛮""不开化"相对应的概念。

自19世纪末学者多在与"野蛮""半开化"相对的意义上使用"文明"一词。如1896年梁启超在上海主笔的《时务报》上，便多次使用"文明之奇观""外国文明""文明大进""文明渐开""文明之利器"等。

"文明"是人类社会的进步状态和理性社会体系。文明内涵具有广义、狭义之分。广义的"文明"含义是文化发展积极成果的总和，是良好的生活方式和精神风尚，表明物质文明、精神文明和政治文明达到了较高的水平；狭义的文明是指与野蛮相对的理性的社会体系。人类整体守护着的文明是指广义的文明。

文明是具有内在结构的有机整体。从内容上看，人类文明发展的内在动力是主客体矛盾。主体在解决与自然客体、社会客体及人类客体的矛盾过程中，产生了自然科学、社会科学和思维科学；在处理人与自然、社会的关系中创造了物质文明、政治文明和精神文明。从空间上看，分布在不同区域的人类群体，文化内容和生活方式不同，从而产生不同文明类型。从发展过程看，人类走出蒙昧和野蛮状态的"自在期"后，进入以农耕文明和工业文明为标志的"自为期"，随着信息文明的发展尤其是阶级社会的终结，必将步入"自由期"。

其中的物质文明是人类改造自然界的物质成果，它表现为人类物质生产的进步和物质生活的改善。政治文明是指人类社会政治生活的进步状态，是人类在政治实践活动中形成的文明成果，包括政治思想、政治文化、政治传统、政治结构、政治活动和政治制度等方面的有益成果。政治文明的核心内容是民主发展的积极成果。精神文明是指人类在改造自然和社会过程中所取得的精神成果的总和，体现了人类精神生产和精神生活的发展水平。

（二）文明与文化

关于文化与文明二者之间的关系，不少学者曾做过较为精辟的论述。胡适说："第一，文明是一个民族应付他的环境的总成绩；第二，文化是一种文明所形成的生活的方式。""凡是一种文明的造成，必有两个因子：一是物质的，包括种种自然界的势力与质料；一是精神的，包括一个民族的聪明才智，感情和理想。凡文明都是人的心思智力运用自然界的质与力的作品。没有一种文明单是精神的，也没有一种文明单是物质的。"钱穆认为："大体文明文化，皆指人类群体生活而言。惟文明偏在外，属于物质方面；文化偏在内，属于精神方面。故文明可以向外传播，向外接受，文化则必由其群体内部精神累积而产生。……文化可以产生文明，文明却不一定能产出文化。"他们对文化与文明的界定与解释，或侧重于内在实质，或偏重于外在表现，但对于我们正确理解文化与文明有着重要的启迪意义。

文化和文明是社会发展过程中一个问题的两个方面。

（1）从内容上看，文化是人类征服自然、社会及人类自身的活动、过程、成果等多方面内容的总和，而文明则主要是指文化成果中的精华部分。文化和文明都是人类现象，但二者所涵盖的历史内容又有差异："文化"的本质内涵是"自然的人化"，人通过有目的地劳作，将天造地设的自然加工为文化。而"文明"则是文化发展到较高阶段，或泛指对不开化的克服；或指超越蒙昧期（旧石器时代）和野蛮期（新石器时代）的历史阶段。进入"文明"阶段的标志有三个：文字发明、金属工具发明与城市出现。

（2）从时间上看，文化存在于人类生存的始终，人类在文明社会之前便已产生原始文化，文明则是人类文化发展的一定阶段。故中国的文化史长达百万年之久，而创制并使用文字和金属工具的文明时代却只有4000年。

（3）从表现形态上看，文化是动态的、渐进的、不间断的发展过程，文明则是相对稳定的、静态的、跳跃式发展过程。文化偏重于心灵或精神活动，文明偏重于社会政治方面。

（4）文化是中性概念，文明是褒义概念。人类征服自然和社会过程中化物、化人的活动、过程和结果是一种客观存在，其中既包括优秀成果，也有糟粕；既有有益于人类的内容，也有不利于人类的因素，但它们都是文化。文明则和某种价值观相联系，是指文化的积极成果和进步方面，作为一种价值判断，它是一个褒义概念。

文明是一个指标，一个类似于数学因式的指标，它的指数是文明的各个因式环比之和：政治、军事、经济、文化、科学等。例如：长城是中国文化的一个特殊标志，它既是文化的，又是文明的。从文化的现象而论，它是物质的存在；从文明的本质而论，它是当时社会制度下文明的突出代表，体现出秦统一中国后的一切社会文明，同时，从文明的现象而论，其又体现了当时中华民族大一统的精神存在。

第二节　学习中国传统文化的意义

传统文化是保存先人的成就并使后人适应社会的一种既定的形态，中国传统文化是我们先人留下的伟大的精神瑰宝。对待中国传统文化必须注意辩证地分析，批判地继承，而批判继承的最终目的是发展和创新。这就是说在批判地继承中国传统文化的基础上，吸收有价值的外来文化，创造传统与现代相统一、民族与世界相统一的、民族的、科学的、大众的现代中国社会主义新型文化。综合中国传统文化的精华和西方等外来文化的优秀内容，并根据中国社会主义现代化实践的需要做出创新性发展，以完成中国社会主义现代文化建设任务，乃是正确对待中国传统文化、建设和发展现代中国社会主义新型文化的根本途径。

我们正处在一个承前启后、继往开来的重要历史关头。面对着科学技术的迅猛发展和世界各国的激烈竞争，面对着世界范围内各种文化的相互激荡，面对着小康社会人民群众日益增长的文化需要，学习中国传统文化，不断提高广大群众尤其是青年一代的文化素质，对大力推进中国特色的社会主义文化建设具有非常重要的意义。

一、有助于学会做人，提升国人整体素质

"学会做人"看似简单，其实，这是人的最基本的也是最重要的素质。长期以来，人们比较注重使受教育者学会求知，学会做事，这无疑是十分必要的，但往往忽视了更重要的一条，就是教他们学会做人。所谓学会做人，就是学会处理人与人、人与社会的关系。在当代中国我们就是要有爱国主义、集体主义、社会主义思想，有高尚的道德情操，有正确的世界观、人生观、价值观。用毛泽东同志的话说，就是要成为"一个高尚的人，一个纯粹的人，一个有道德的人，一个脱离了低级趣味的人，一个有益于人民的人"。

中国传统文化可以说是一种学习如何做人的文化，非常注重伦理道德和人格修养，被世人归结为伦理型文化。《大学》一书开宗明义地指出："大学之道，在明明德，在亲民，在止于至善"，并且提出"正心、诚意、修身、齐家、治国、平天下"的主张。这完全是以对道德的自我追求和完善为宗旨的。孔子倡导的"仁者爱人""己欲立而立人，己欲达而达人""己所不欲，勿施于人"（《论语·雍也》），也浸透了怎样做人的伦理精神。儒家的崇仁、尚义、重节的一系列言论，以及道家所主张的不为境累，不为物役，绝圣弃智，洁身自好，实际上都是对理想人格的追求和对实现个体价值的向往。中华民族有源远流长的人文教育传统，以儒学为中心的人

文教育是中华传统人文教育的主流。这种重礼、崇仁、尚义、追求高尚完美人格的人文教育传统，对受教育者思想感情的熏陶、感染和人格的塑造具有不可忽视的重要作用，培养了一代又一代的优秀人物，维系着中华民族的生存和发展。

二、有助于以理性态度和务实精神去继承传统

马克思说过："人们创造自己的历史，但是他们并不是随心所欲地创造，并不是在他们自己选定的条件下创造，而是在自己直接碰到的、既定的、从过去承继下来的条件下创造"。中国传统文化，就是我们"直接碰到的既定的、从过去继承下来的条件"，是影响中国人过去、现在和将来的传统。从一定意义上讲，传统是社会的一种生存机制和创造机制，借助于它，历史才得以延续和发展，社会的精神成就和物质成就才得以保存和实现。正因为如此，文化传统并非仅滞留于博物馆的陈列品和图书馆的线装书之间，它还活跃在今人和后人的实践当中，并在这种实践中不断改变自己。每一个有志为民族的未来贡献心智和汗水的中国人，都应该努力熟悉传统、分析传统、变革传统，而学习、研究中国传统文化，则有助于培育这种理性态度和务实精神。

三、有助于增强民族自尊心、自信心、自豪感

中国传统文化是世界上最古老的文化之一，而且是世界上唯一没有过断层的古老文化。它是东方文化的典型代表，有着独特的价值系统和思维方式，是人类文明发展史上的一块瑰宝，对世界文化的发展发挥了重大的推动作用。中国传统文化中有不少在人类历史上光芒四射而且至今仍有重要价值的东西；有不少优于西方文化且在漫长的岁月中在世界上处于领先地位的方面，即使在科学技术领域中也是如此。

随着科学技术的发展，人类社会进入信息社会，人类各民族文化相互

交流的深度和广度都在不断拓展。在这样的时代大背景下，中华民族及其文化应以怎样的姿态参与合作与竞争，是每一个中华儿女都应该思考的问题。要想真切把握一个民族的文化特征，比把握诸如皮肤、头发、眼睛的颜色之类体质特征要困难得多。然而，任何民族，其文化形态尽管纷繁多彩，但都可以寻觅到该民族文化的主色调、主旋律。我们之所以能够从芸芸众生中大致辨识各民族的特征，是因为每一个民族内部固然存在着繁复多样的阶级、阶层、集团、党派及个人修养和性格的差别，但同时也深藏着表现于共同文化上的共同心理素质，这便是所谓的民族精神。中国文化源远流长，博大精深，在相当长的历史时期里，其一直处在世界领先地位，给世界文明做出了巨大贡献。学习中国文化，是我们认识自己、把握中华民族精神的可靠途径，更是振奋我们的民族精神，增强民族自豪感和民族责任感，提高民族自尊心和民族自信心，有利于增强凝聚力，同心同德，艰苦奋斗。

四、有助于准确而深刻地认识中国国情，推动经济快速发展

古老的中国在漫长的历史时期内，无论在经济文化方面还是在科学技术领域都走在世界前列，处于领先地位，只是自明朝中叶以后才逐渐停滞和衰退并越来越远地落在西方列强之后。近代以来，思想界先驱们在反思过程中，将中国落后的原因归咎于以儒学为代表的中国传统文化，于是才有了"打倒孔家店"之举。然而到了二十世纪六七十年代，以中国传统文化为母体文化所构筑的中华文化圈的东亚一些国家和地区的经济开始腾飞，日本及亚洲"四小龙"的经济出现了快速增长，这些事实显示出了以儒学为核心的中国传统文化的价值。这种以儒学为核心的经世致用的传统文化对经济基础是有积极的能动作用的。由此可见，学习和弘扬中国传统文化对我国经济快速发展必将产生积极的推动作用。

当代中国人面临的历史使命是实现中华民族的伟大复兴，完成这一千

秋伟业的认识前提是切实认清中国的国情。国情不是空洞物，其实质就是文化的历史与现状。新中国成立以来，中国走过了艰难曲折的道路，取得了举世瞩目的成就。但是，我们的社会发展和文明进步的程度还远远不能满足人民的要求。数千年的传统文化给我们留下了丰厚的遗产，同时也带来因袭的重负。外来文化的积极因素，我们吸取得还很不充分，但其负面影响已引起我们的警惕和忧虑。深入剖析传统文化与外来文化对今日中国的影响，总结我们走过的道路，是认清国情的必要工作。

五、有助于开阔文化视野，为发展社会主义先进文化服务

从古今中外杰出人才的成长过程来看，除老师的教导和课堂学习外，无不从前人留下的文化精品中得到启发，受到熏染。中国传统文化尤其是其中的经典是非常有价值的。了解这些经典可以开阔文化视野，这些经典多是开放的体系而非实证的结论，是直接涉及社会、人生等普遍性问题的论述，因而既是超越时代限制的，又是极富民族特色的文化，对后来者极富启迪作用。学习中国传统文化除了能够加强人们的自身修养外，还担负着建设中国未来新文化的任务。中国未来文化无疑是现代文化，但它只能是植根于中国传统文化基础之上并能体现中国传统文化精神的新文化。它既是现代的，又是传统的，是"现代"与"传统"的统一；它既是世界的，又是民族的，是"世界"与"民族"的统一。中国传统文化素有包容精神，能够并善于与外来文化融合，以升华自身。学习中国传统文化，有助于我们开阔视野，解放思想，以海纳百川的气概与开放的心态面向世界，博采各国文化之长，以保持旺盛的活力，创造出更加绚丽多彩的、有中国特色的社会主义文化，为人类文明做出自己应有的贡献。

第三节　学习中国传统文化的方法

中国传统文化源远流长，内蕴丰厚，是一个伟大的宝库。"工欲善其事，必先利其器"（《论语·卫灵公》），学习中国传统文化不能不注意选择适当的方法。我们可以采用的有效方法主要有以下几种。

一、史论结合——历史与逻辑的结合

中国传统文化历经数千年的积淀，内容非常丰富，但在丰富多彩、纷繁复杂的文化现象背后，其却有发展规律可循，对这些规律的探讨和求索的结晶就是中国传统文化理论。我们既要对中国传统文化的来龙去脉、历史沿革有一个明晰的了解，又要避免被浩如烟海的材料所淹没，这就需要将史与论结合起来，将历史的方法与逻辑的方法结合起来。只有认识本民族的历史，才能在批判的基础上继承和理解自己的文化传统。

二、书本与实际结合——典籍研读与社会体验结合

中国传统文化的要义多被载录于汗牛充栋的古籍之中，研读这些古籍，尤其是具有经典意义的古籍，对于我们把握中国传统文化的精髓，无疑是非常重要的。但这也并非唯一的途径，因为中国传统文化也有很多内容是以非文本的形式存留于不断发展变化的社会生活之中，如起居习俗、交往礼仪、行为规范以及衣食住行、婚丧嫁娶等。这就要求我们将视野扩大到社会生活的广阔领域，将文本与非文本、理论与实际、典籍研读与社会体验、探究和思维、静态的学习与动态的学习结合起来，相互参照、相互印证、相互补充，从而对生生不息的中国传统文化有一个全面的、发展的认识。

三、批判与继承结合——创新与弘扬结合

学习中国文化的方法是多种多样的，必须辨别良莠，弘扬精华，除弃糟粕。中国传统文化是历史赐予我们的一份珍贵的遗产，是我们建设现代文化的出发点和基础，因而全盘否定、彻底抛弃传统文化的态度是不可取的。但是，我们又不能不加鉴别、生吞活剥式地学习，这样就会窒息中国传统文化的生命。悠久的文化历史与多元的文化结构，决定了中国文化具有鲜明的矛盾性和两重性，其中有精华，也有糟粕。这就要求我们必须注意取其精华，弃其糟粕，推陈出新，批判与继承相结合。我们以什么样的标准来区分精华与糟粕呢？这就要看其中是否有科学性、民主性、进步性的因素。因而，对于中国文化，主张全盘继承、全盘复古或主张割断历史、彻底否定的行为都是错误的。新的社会、新的时代对中国文化的建设提出了新的要求。为了完成这一新的历史使命，我们必须以历史唯物主义的科学观和方法论，在批判地继承中国传统文化精华的同时，根据时代的要求，与时俱进，开拓创新，才能持续地有所发现，有所发明，有所创造，有所前进，为发展社会主义先进文化做出应有的贡献。

第四节　中国传统文化元素与现代文化的融合

在人类漫长的历史长河中，不同的国家、民族创造了绚丽多姿、各具特色的文化，形成了各自的传统文化和文化传统，使我们生活的世界变得千姿百态、异彩纷呈。现代化进程不断加快，为当代文化的发展创造了条件，也使传统文化的生存和发展出现了困境，传统文化的保护和发展已经成为在经济全球化过程中维护世界文化多样性以及人类社会可持续发展的重要方面。如何在现代化进程中保存和发展各自的优秀传统，如何使各民族的传统文化有效地参与到当代社会发展进程之中的问题，成为当今世界各国

包括发达国家和发展中国家共同关心的问题。

对于拥有五千年文明史的中国来说，浩如烟海的传统文化更是世人所共同瞩目的对象，如何在社会经济发展突飞猛进、文化思想异彩纷呈的今天保存其价值、发挥其作用、实现传统文化的现代化更是值得我们广泛研究的。对于中国人来说，现代化一直是个令人魂牵梦绕的字眼，曾掀动着几代中国人的心扉。自从我们的先辈一接触到它的时候，理论界就展开了一场旷日持久的争论，其主要内容是中西、新旧之争，其焦点是传统与现代化的关系。一百多年来，这场争论众说纷纭、莫衷一是，甚至直至今日亦未彻底解决，每当政策的开放程度发生改变，关于这个问题的争论就会掀起一次波澜。因此，我们有必要对中国传统文化同现代化的关系及如何实现中国传统文化的现代化等问题进行一番探讨。

一、现代化理论概述

1. 现代化的概念

关于现代化的概念，说法颇多。根据经典现代化理论来讲，现代化不仅是一个历史过程，也是一种发展状态，可以指发展中国家赶上发达国家后所处的状态（完成现代化进程后的状态），也可以指发达国家已经达到的世界先进水平所处的状态。由于人们对世界先进水平有不同的认识，高度发达工业社会内部也存在许多弊端，而且社会是不断发展的，所以对于这种界定理论界异议颇多。许多学者发现，用经典现代化理论解释发达国家 18 世纪工业革命到 20 世纪中叶的发展进程是合适的，用它解释发展中国家追赶世界先进水平的过程也是合适的，但用它解释发达工业国家将来的发展却不合适。可以肯定地说，工业社会不是人类文明发展的终点，而只是一个驿站，那么发达工业国家今后的发展过程是什么呢？

对此，"第二次现代化理论"应运而生。1998 年，中国学者何传启发表了《知识经济与第二次现代化》一文，随后又出版了《第二次现代化——人类文明进程的启示》一书，全面提出"第二次现代化理论"。这一理论认为，从人类诞生到2100年，人类文明的发展可以分为工具时代、农业时代、工业时代和知识时代4个时期，每一个时代都包括起步期、发展期、成熟期和过渡期四个阶段，人类文明进程包括四个时代16个阶段；从农业时代向工业时代的转变是第一次现代化，从工业时代向知识时代的转变是第二次现代化；文明发展具有周期性，知识时代不是文明进程的终结，而只是一个点，将来还会有新的现代化。这一理论，不仅成功地解决了经典现代化理论面临的困境，同时也化解了后现代化理论的困境（现代与后现代化的矛盾），而且对于人类文明发展规律做出了全新的解释，预测了人类社会未来的发展。

从历史唯物主义角度看，现代化是一个世界历史范畴，它从广义上讲是指18世纪后期工业革命以来现代生产力引发的社会生产方式与人类生活方式大发展，是以科学和技术革命为根本动力，从传统农业社会向现代工业社会再到知识经济社会以至未来社会的大转变，是使现代化意识渗透到经济、政治、文化、思想各领域并引起社会组织与社会行为发生深刻变革的过程。从狭义上讲则是指人类社会从传统农业社会向工业社会的大转变，以工业革命或工业化为核心的发展阶段及状态。因此，从其广义概念来看，历史唯物主义现代化理论同第二次现代化理论具有高度一致性，而从其狭义概念来看，则更偏向于经典现代化理论。

对我国来说，我们当前仍处于社会主义初级阶段，生产力尚未达到高度的发达阶段，传统农业文明也尚未完全完成向工业文明的转型，因此，我国当前所强调的现代化，应偏重于经典现代化理论所称的现代化的理解，这才符合我国的国情。

2.现代化理论的逻辑结构及其特征

（1）现代化首先表现为一种文化现象。

现代化不是单一的某个领域的现代化，而是社会各方面的现代化，既包括经济政治的现代化，也包括文化的现代化。而且一国的现代化必然要扎根于自己的文化传统并受其制约。恩格斯曾说："经济状况是基础，但是对历史斗争的进程发生影响并在许多情况下主要是决定着这一斗争形式的，还有上层建筑的各种因素，甚至那些存在于人们头脑中的传统，也起着一定的作用。"德国著名社会学家马克思·韦伯也曾说："任何一项伟大事业的背后都必须存在着一种无形的巨大的精神力量。"文化因素和经济、政治因素是紧密相连的，对经济、政治的发展起着巨大的反作用。现代化必然需要传统文化的现代化。文化现代化是一个民族现代化进程不可逾越的阶段。没有任何一个民族可以完全抛弃自己的传统而闯入现代化，也没有任何一个民族可以越过其传统文化的现代化而成功地实现现代化，因此，现代化首先表现为一种文化现象自然是题中之义。

对此，我们来回顾一下早期欧洲的文艺复兴运动，我们可以发现这一具有历史特殊意义的运动其实也表现出一种深刻的文化现象。当时西欧一些国家正处于资本主义发展萌芽时期，由于强大的封建王权统治和经院哲学束缚，所以资本主义的发展受到了限制。文艺复兴为资产阶级提供了一个反对封建神学世界观的机会，它的意义远不在于对发掘出的古典文化的鉴赏和追求古典时尚。其目的在于古为今用，创造资产阶级的新文化，并以此作为反封建斗争的思想武器，为资本主义的现代化开辟道路。文艺复兴最重要的成果是提出了"人文主义"的思想。它主张社会生活以人为中心，反对以神为中心，这是对中世纪以来经院哲学提出的"神学主义"的最大的蔑视和摈弃。人文主义者主张发展科学文化，反对教会的愚民政策，他们相信人的力量，主张发挥人的才能去探索自然和社会的奥秘，号召把人的思想、感情和智慧从神学的束缚下解放出来。可以这么说，正是文艺复兴运动拉开了资产阶级步入现代化的序幕。

（2）现代化最根本的表现是一种生产方式的变革。

按照对现代化概念的理解，现代化指的是人类由传统农业文明向更高的文明状态的转化进程及状态。而社会的转型、历史的前进无不是生产力发展的结果，因此，现代化的根本特征自然体现于生产方式的变革上。

这一点我们可以通过欧、亚一些国家的现代化进程了解到。英国是欧洲最早步入现代化的国家。15世纪末，国际贸易中心从地中海移到大西洋，使英国处于有利的竞争地位。为了扩大毛纺品的生产和出口，在英国农村推行"圈地运动"（也称之为"以土地换羊毛"）。"圈地运动"使其原有的封建经济结构遭到破坏，它迫使大量农民同自己的生存资料分离（马克思曾称之为"羊吃人"），并影响到封建国家的税收和兵源，因而，激化了农民同地主、资产阶级同封建贵族的矛盾。但从另一角度看，它有利于破坏旧的生产关系，有利于扩大资本主义手工作坊和发展生产力，有利于建立新型的资本主义生产关系。也就是说，这种初期的现代化形式从反面表现出一种生产关系的变革。在亚洲，日本最先踏入了现代化进程。从德川幕府末叶起，日本通过留学、洋学开始吸收西方文化，明治维新后推出"殖产兴业""富国强兵""文明开化"三大政策，并提出"脱亚入欧"（脱离亚洲文化，进入欧洲文化）的口号，从哲学思想、政治、经济、军事、教育、文艺，科学技术等方面以多元化的价值取向吸收了西方文化。同时，日本在坚持天皇体制不变的前提下按照欧洲模式完成了资本主义生产关系的变革。

（3）现代化还表现为各种制度和管理，以及人的精神状态、价值取向、思维方式、品格等观念的现代化。

早期的现代化并没有把它们糅合到一起来加以研究，实际上这些都是现代化的软件范畴。现代化必须要有明显的制度特征，这种特征的主要标志就是建立起新型的生产力和生产关系。可管理及各种观念的现代化都是受制度现代化制约的。我们注意到，管理现代化是西方工业社会得以生存和发展的一个重要内容，管理模式的选择是和人们观念更新密切相关的。20世纪30年代以前，人们对企业管理的认识仅限制在单一的企业内部的生产管理和成本管理。到了30年代，特别是二战以后，随着市场结构的变化、生产规模的扩大、工业组织的调整以及信息业的发展，人们对企业发展的各种因素和各种因素相互之间的关系重新进行了分析，把企业组织的生存和发展的必要条件归纳为对企业外部产生各种机会的利用能力和企业自身调动职工积极性的能力两个方面，说明观念发生了变化。随之，管理模式发生了"突变"，由过去单一的平面管理转变为立体交叉的战略管理，使现代化管理进入到一个新的层次。

上述表明，现代化是一个非常复杂的网络，它是一种文化、生产方式、制度、管理以及各种观念交织在一起的混合体。它涉及社会的各个方面，而且由表层深入里层。现代化是一种渐进的、不断向前推演的过程，它既不会由于人们最初的彷徨、惊异而停止下来，也不会离开现实超越时空而发展，现代化必须根植于传统之中。

二、中国传统文化现代化的历史进程

传统文化现代化也称传统文化的现代转型，意在消除社会的发展所带来的在原有的社会背景及生存境域中所形成的文化传统与现代社会和文化间存在着的紧张和对立的局面，使传统文化具有现代性，并使之成为现代化的真正基础和动力。

一个多世纪以来，中国传统文化在社会发展、时代剧变的大潮中经历了一次又一次的冲击和震荡，于坎坷曲折的道路中艰难地一步步向现代化迈进。纵观中国传统文化现代化的历程，它始于19世纪40年代，尤其是鸦片战争以后。此时的中华民族政治、经济、军事和社会状况日益恶化，清政府在与西方列强的冲突中，处处表现出了无能与懦弱。在思想文化领域，西风东渐，传统的伦理观念和价值系统面临着的分崩离析的局面，中国有良知的知识分子开始苦苦地思索中国传统文化的价值和未来的命运，他们希望找到一条从传统走向现代的正确道路，以迎接西方文化的挑战。但是，在从传统走向现代的进程中，中国传统文化的现代化步履显得沉重而艰难。

一般来讲，中国传统文化现代化的历程从19世纪下半叶开始主要经历了以下几个阶段。

1. 从1840年的鸦片战争到1885年中法战争结束，是中国传统文化现代化步伐中的第一阶段，其特点是由拒绝西方科技到接受、学习西方科技。

如果说鸦片战争正式揭开了中国近代史的帷幕，那么以龚自珍、魏源、冯桂芬为代表的先进的知识分子则奏出了中国近代思潮的前奏。龚自珍首先以其犀利的笔触，向人们摊开了一幅"国赋三升民一斗，屠牛那不胜栽禾"的岌岌不可终日的社会图景："自京师始，概乎四方，大抵富户变贫户，贫户变饿者，四民之首，奔走下贱，各省大局岌岌乎皆不可以支月日，奚暇向年岁？"（《定庵文集·西域置行省议》）同时代思想家魏源，则在其《海国图志》中首次提出了反抗外国侵略的两大纲领："以夷攻夷"和"师夷长技以制夷"，具体的建议则是购置制造新式枪炮，学习西方"养法练兵之法"。继承魏源思想的是冯桂芬，冯氏在亲身经历了两次鸦片战争的祸乱后，看到了中国的"不如人"，他说，"以广运万里地球中第一大国，而受制于小夷也"，这是开天辟地以来"未有之奇愤"。因此要"知其不如之所在"，以"自强"以"雪耻"。他提出要"博采西学"，要努力学习西方资本主义工艺科学的"格致至理"和史地语文知识。他第一次明白具体地提出在内政、外交、军事、文化方面的全面改革的必要性，指出中国"四不如夷"："人无弃才，不如夷；地无遗利，不如夷；君民不隔，不如夷；名实不符，不如夷。"（《校庐抗议》卷下《制洋器议》）因此要废八股文，改革科举考试的科目内容，奖励科技人才，予以科举出身的优遇；要大兴水利，广植桑茶；要"复乡职"（扩大绅士的政治权利）、"复呈涛"（许人民用诗歌表达意见）、"改赋税"、"汰冗员"等。

简而言之，从龚自珍到冯桂芬，他们都已意识到封建的传统文化体系已经是穷途末路，他们的工作为以后的资产阶级改良派积累了大量的思想材料，开辟和指引着中国走向资本主义的新方向。他们称得上是中国近代思潮的"前驱先路"，是由封建文化向资本主义文化转型中的一座重要的桥梁。

2. 从中法战争失败到戊戌变法结束，是中国传统文化现代化步伐中的

第二阶段，其特点是由学习西方科技到学习西方的政治制度、试图改革封建君主专制

  中法战争的失败，对于以"强兵"为主的洋务派是一个沉重的打击，"强兵"不足以"自强"，因此转而求富国。这就是在19世纪70、80年代出现的强兵富国之说。但是中国的工商业发展一直是受到压制的，"农本商末"的思想在封建统治者看来是立国的原则。要富国，必须发展工商业，而阻碍工商业发展的是封建的上层建筑——君主专制制度。因此，中国的开明人士在要求发展工商业的同时，要求改革政治制度，上层的工商业经营者也开始要求自己的权利，但他们的改革愿望只是乞求统治者恩赐一点有限的权利，而不足以从根本上改变封建统治。因此，他们几乎毫无例外地一致主张中国采用与专制制度妥协的君主立宪的政治制度。他们在思想上依然抱定中国封建主义的"纲常名教"不放，认为工艺科学以至政治制度都不过是"器"，并不是"道"和"体"。"道"和"体"还是中国"纲常名教"的"圣人之道"。实际上19世纪80年代的改良派在思想文化上还没有与洋务派的"中体西用"思想区分开来。

  改良派变法维新思想的发展，在19世纪90年代达到了它的高潮和顶峰，形成了一个质的飞跃，进入了完全成熟的时期。这就是以康有为为首的代表士大夫知识分子利益的变法维新。康有为的变法重在改革封建专制制度，提出了一系列比前面的改良派更加明确、先进的政纲政策。但是，康有为毕竟是受过正统的儒家教育的，他们这一代知识分子，由于浸润在传统文化之中，与传统文化有着千丝万缕的联系，因此只是企望能在传统文化的旧瓶中装进一点不伤根基的洋酒。康氏一生主张"尊孔"，而且把资产阶级改良主义的思想深入到他所宣扬的"孔教"中间。变法维新也是主张以不破坏君主为限度，就这点说，他从来没有越出传统的儒家学说的藩篱。

  3. 从戊戌变法失败到五四运动之前是中国传统文化现代化步伐中的第三阶段，其特点是由学习西方政治制度到逐渐接受、吸收、引进西方文化

以戊戌变法为界，中国传统文化开始发生重大转折——变法运动失败后，改良派本身起了巨大的分化，有的被吓得一蹶不振，从此消极；有的顽固地坚守原有的主张，寸步不前；有的则从血的教训中开始从思想文化上思考、寻找新的出路。这部分人，以青年知识分子居多，他们接受了改良主义的启蒙洗礼，他们无科第、无官阶、声名也不显著，而且其中大部分日后都去日本留学，如黄兴、谭嗣同像陈天华、邹容、章太炎、朱执信等都是其中的优秀代表，他们是孙中山领导的资产阶级革命中最早的一批活动家；辛亥革命的胜利，标明了借鉴资本主义制度文化的成功；但是他们在反思变法失败的原因时，把目光投向了统治中国上千年的封建专制文化；所以戊戌变法从文化史的角度讲，也标志着传统文化的彻底解体，同时也在寻求着中国新文化的重建，戊戌变法失败后，维新派已经意识到国民素质在政治改革中的重要性，重君轻民、从上而下的维新变法，是不可能取得胜利的，因此梁启超等人把维新运动转向了对国民的教育；他认为，决定社会政治的优劣在于国民文明素质的高低，低素质的国民，即使是明君贤相，也只能政明于一时；高素质的国民，即使是暴君污吏也只能得逞于一时。国民功可救国这种转向，说明维新派已经朦胧地意识到中国传统文化的弊端，意识到要挽救国家、民族，必须输入新思想、新道德，以提高国民素质。

4.五四文化运动思潮兴起是中国传统文化现代化步伐中的第四阶段，其特点是由接受西方文化到全盘反传统

在五四文化运动兴起和形成过程中，首先涉及的便是人们在文化问题上所惯常采用的调和论的态度。这种调和论认为精神同物质是截然对立的，凡物质的进步必然带来精神的堕落，而科学的昌明又会导致道德人心的沦丧。因此，持这种论调的人们便主张"一面开新"（发展物质），"一面复旧"（维护国粹国故），最终得出结论说，中国文化的出路不在于通过学习西方近代文化去追求现代化，而在于"统整"传统中国文化去救济全世界。

五四运动正是在这一与中国现代化相逆向的文化背景下勃兴的，也是

在其激发和冲突中深入展开的。以陈独秀、李大钊、胡适和鲁迅等为代表的文化旗手们，之所以那么敏锐地要与形形色色的调和论、折中论者展开论争，正是因为他们一眼就识破了隐藏在调和论背后的复古保守的态度和立场。陈、李慷慨直言，痛陈调和派不必拿什么折中的话来捣乱，胡适则联想到洋务时期的"中体西用"，以为调和论者不过是它的故伎重演，而鲁迅除写下了大量辛辣的揭露折中派的文字外，则更直接地从历史文化的演化规律的高度去反对调和论，确认文化的演进机制是"偏至"的，而不是折中的。基于此，五四运动的先驱们开始了其彻底反传统的努力。他们认为，中国传统文化同西方文化的区别，不仅是类型和趋向上的不同，更本质地表现为社会不同历史阶段的对立。陈独秀抓住了中国传统文化的家庭宗法本位特征，去比较中西文化的异质，李大钊用物质生活的演进来确立中西文化相别的时代特征，胡适通过强调"科学"与"实证"，来揭发传统理学的虚妄和凶残，鲁迅则通过高扬主观意志和个性主义去揭发传统文化的"吃人"本质……，都说明他们全面的反传统，是从传统文化的过时性和落伍性上切入的。因此，五四文化思潮从其基本价值取向上，第一次全面地从文化学的意义上将自己与传统文化真正地自觉地对立了起来，五四的反传统主义也就获得了整体的含义。

三、"民族文化中心主义"与"民族文化虚无主义"之争

在如何对待传统文化的问题上，历来存在两种片面倾向：民族文化中心主义和民族文化虚无主义，前者极力美化本国传统文化，后者彻底否定本国传统文化。这两种倾向，在理论上是错误的，在实践上是有害的，它们都不利于我们正在进行的社会主义现代化建设事业。从近年来文化问题讨论的实际情况看，民族文化虚无主义是目前的主要错误倾向，其突出表现是极力贬低本国传统文化，积极宣扬外来文化的优越，要求对现代西方资本主义文化实行全面开放。

有人认为，中国传统文化是一种自古以来一成不变的封闭性文化，甚至是属于"人类史上的动物时期"的文化，在中国传统文化中，"自然的逻辑成了社会的逻辑，动物的逻辑成了人的逻辑"，"它所闪现的都是各种动物式的自然色彩"，这种说法是完全错误的。

中国传统文化并非自古就有，也并非一成不变，它是在中国5000余年漫长的历史发展中形成的，是一个发展的、多元的文化体系。中国传统文化以汉族文化为主干，汉族文化是由华夏族和夷狄族文化融合而成的，在此基础上汉族文化又同其他兄弟民族文化进行交流和融合。经过几千年漫长的岁月，中国人在生活方式、思维方式、价值观念、道德观念，审美情趣等方面逐渐趋于一致，这正是中国文化内部开放的结果。同时，中国文化还在同域外异质文化的交流中不断丰富、不断发展。中国传统文化中包含有阿拉伯伊斯兰文化、印度文化及西方基督教文化的因素。在几千年历史发展中形成的中国传统文化，不是封闭的、固定的，而是开放的、流动的，它不仅是中华大地上各民族文化交流、融合的结果，而且也是中外文化交流、融合的结果。中国文化自先秦以来历经数千年，其中虽有历史积淀而成的恒常内容，但随着时代的变迁，中国文化在不同的时代又有不同的时代精神，有着不断更新的内容，正因为如此，所以中国文化能延续几千年而经久不衰。

当然，我们必须清醒地看到，中国传统文化毕竟是在几千年的封建社会和百余年的半殖民地社会中形成的，它不能不被深深地打上时代的烙印。正如世界上一切国家、一切民族的文化都可以区分出精华和糟粕一样，中国传统文化也并非尽善尽美，它的糟粕是不容掩盖的。看不到中国传统文化中的糟粕，采取极端的民族文化中心主义态度，一味地吹嘘和美化，那是完全错误和极其有害的行为。而只看到中国传统文化中的糟粕，采取民族文化虚无主义态度，一概地贬斥和丑化，那同样是完全错误和极其有害的做法。

尽管资本主义的发生发展，对世界文明的发展作出过重大贡献，对于资本主义文化中的一切优秀内容，我们不应该采取排斥的态度而应该进行认真的学习，这是符合世界文化发展规律和现代化建设需要的。但是，我们不能不看到现代西方资本主义文化中大量存在的腐朽及丑恶的内容，更不应该用令人目眩的物质文明成就来掩盖这些内容。例如，在美国文化中，既有先进的科学技术、发达的教育和文化设施，又有强调独立性反对依附性、重视现实讲求实际、赞赏创造性奋斗精神反对墨守成规不求进取的价值观念，这些都应该被认为是优秀的文化内容。但在美国文化中同时还存在着大量腐朽观念和丑恶现象，且不说尽人皆知的吸毒、赌博、卖淫和高犯罪率现象，仅就文化心理形态来说，个人主义、功利主义、蒙昧主义，以及各种变态心理和颓废思想，正在给美国社会带来深深的危机。不承认现代西方资本主义文化中的腐朽一面，而对它作全面肯定和美化，这对于我国社会主义现代化建设的实践是有极大危害的。

四、中国传统文化与现代化的关系

探索传统文化的现代化是一个艰难的历程。西方现代化建设过程中对待传统文化的态度及其后果，使之在取得科技发展的同时，却陷入了传统美德荒废和生活意义丧失的困惑，这种"无家"可归的精神状态，使西方人一度迷失人类进步的合理性目标和方向。这种状况为我们提供了理解中国现代化思想历程的参照系。近百年来，中国也一直被现代化与历史传统的矛盾问题所困扰。在现代化思想史上，东西方类似的历史过程和逻辑轨迹值得我们认真反思。如何科学地认识中国传统文化和现代化的关系，注定会成为21世纪人类社会的重大理论与实践难题。

1. 从"传统"与"现代"的关系来看，"传统"与"现代"实为一个有机整体

过去我们常常简单直观地理解"传统"，往往把传统归结为"过去时"，传统是已消失的存在，现代才是真实的存在。这种看法的思想根源是把传统视为实体性的存在，把生成某一传统的时代及生活其中的人的消失等同

于传统的消亡。持这种观点的人自然不会去重视传统与探寻传统,更无法理解与现代和未来的有机联系。传统的内容是极其丰富的,传统中的"传"是人类历史的延伸、延续、承袭。传统中的"统"是传的精神整体。古人是在前人所创、主导人伦、后人继承的意义上理解所传之统,把"统"作为文明与发展的方向。把"传"与"统"的含义结合起来,传统就是人类生活中前后相继,主导人类文明的文化灵魂与精神整体,是在历史进程中延伸着的思想纲领和生活主题的主体。传统对于人类来说,发生于过去但却永恒地生成于现在和未来,显现于日常生活但却深藏于人的本性之中。因此,从这个意义上讲,传统与现代实为一有机整体,二者体现为共时性关系,而非历史上的时间先后关系。

2. 中国传统文化中的优秀成果对现代化具有建设性的积极意义和正面价值

首先,作为中国传统文化原型的"天人合一"观念,对于克服现代化进程中的生态危机有着不容忽视的范导和启示作用。

钱穆先生说:中国文化可以"一天人,合内外,六字尽之"。需要指出的是,在中国文化中,"天""人"关系并不是一种对象性的关系,也就是说,天和人并不对应于客体和主体,因此它不是一个知识论框架。在中国文化中,天人合一意味着人道顺应天道,把小我融入大我之中,以达到"天地与我并生,万物与我为一"的本体澄明之绝对境界。这种境界使人的存在获得了诗意,即"诗意地栖居于世"。在"天地有大美而不言"的境界中,那种西方文化的戡天役物的知识论取向将受到根本的抑制和消解。在"天人合一"的模式下,技术有可能走向诗化或艺术化。技术的艺术化,或许是技术摆脱自身异化的一条可能的途径。在中国社会和文化中,也有"技术",但它本质上就像《庄子》在"庖丁解牛"的寓言中所谓的"因其固然""依乎天理",超越了功利的态度和对象化的视野,达到了一种"自律"的状态。倾慕东方智慧,特别是欣赏并认同老子哲学的海德格尔认为,"技术在本质上是人靠自身力量控制不了的一种东西"。在海氏看来,只有使技术艺术化，才能使技术不仅是手段和工具，还是"一种解蔽方式"。他认为，同古代技术相比，现代技术作为一种"自然"的"展现"方式，则并没有使人远离"大地"。这种取向同中国传统文化的视野相贯通。可见，如果把"天人合一"的文化原型贯穿于现代化的技术方式之中，那么，人与自然的关系就有可能得到改善和优化。也许这正是中国传统文化对现代化一个建设性的方面所在。

其次，在人际关系方面，中国传统文化资源对现代化也不失其积极价值。我们知道，现代化是以商品经济的广泛社会化为其历史前提的。商品经济一方面使得人的利益相互独立，另一方面又使得人的利益得到进一步的强化。因此，在商业社会，人的道德感和伦理意识受到遮蔽。中国传统文化在总体上是"重义轻利"的，"君子爱财，取之有道"是中国文化历来崇尚的观念。这一价值取向有助于抑制商品经济所诱发和强化的利己主义和功利主义的倾向，从而与商品经济形成一种两极之间的必要的张力。这有助于现代化进程中个人人格的健全和社会发展的均衡。这一点，已经被东南亚地区和国家的现代化进程的历史实践所证明。其实，中国传统文化也不是"铁板一块"，相反，它也有其内在的张力结构。例如，齐鲁文化就是具有不同风格的两种文化传统。由于"齐在海滨"，齐国的商业比较发达，所谓"通商工之业，便渔盐之利"。这种商业传统孕育了齐文化的功利追求、革新精神和开放意识。与此不同，鲁文化则典型地体现着以血缘关系为枢纽建立起来的宗法社会，它以农业经济为内在基础，从而表现出浓厚的伦理本位主义和封闭保守的特征。在"义"与"利"的关系上，齐文化更侧重于"利"，而鲁文化则更侧重于"义"。作为传统文化重要内核的齐鲁文化，经过"扬弃"，有可能成为现代化的有益的精神资源。一方面，齐文化传统有助于人们培养一种正视物质利益的意识，培养一种改革开放的意识，从而推动现代化进程的不断深入和拓展；另一方面，鲁文化则有助于人们培养一种健全的人格意识和深沉的道德感，以便使人们在商业活动中的功利行为能够始终受到道德规则的内在约束，而不至于在"物"的"沉沦"中丧失自己的灵性和德性。事实上，随着商品经济的进一步发展，现代化也越来越需要"儒商"式的人物，那种靠践踏德性而发财致富的做法，将变得越来越无效。现代化对儒商的呼唤，体现着中国传统文化在整个社会走向现代化的过程中所潜在的正面价值和积极意义。

3.西方国家现代化历史证明传统文化对于促进本国现代化进程有着重要的意义

英国是现代西方国家中最早向资本主义现代化发展的国家之一，众所周知，它同时又是西方国家中保存传统文化最多的国家之一。发生在17世纪中叶的革命，没有割断向近代发展的英国同它的传统文化的联系，革命后的英国在外表上几乎一切都照旧。君主制度和贵族制度都保存了下来，旧日的司法制度也保留了下来，乃至人们的生活方式和思维方式也没有发生什么大的变化。时至今日，国王不仅在国家政治生活中依然享有崇高的地位，而且作为国家和民族的象征，在社会发生危机和国家遭到威胁时，国王甚至能产生不可思议的影响和作用。另外，英国在教育方面保存的传统也是十分显著的，例如最著名的高等学府牛津大学和剑桥大学，至今还保留着很多11、12世纪创建时的制度和风格。在英国，保存传统文化的事实不胜枚举，然而这一切并没有阻碍它朝着现代化的方向迈进，相反，这些传统的保存在一定程度上还保证了英国资本主义现代化的顺利进行。

日本是当今世界最发达的资本主义国家之一，它在保存民族传统文化方面的表现，比英国更为突出。今天没有谁能否认日本的现代化发展的水平。然而，即使在现代化已经达到很高水平的今天的日本，古老的传统文化依然大量地存在，在政治、经济、文化生活的各个方面都能表现出来。

德国的现代化进程也同其高度重视传统文化的传统密不可分。19世纪初，德意志民族处于政治、经济的四分五裂之中，几十个小王国各自独立，当拿破仑的军队到来的时候，这些德意志国家根本无力抵抗，只能纷纷跪倒在拿破仑的宝剑之下。就是在这时候，德意志的有识之士认识到，要提高德意志民族的自信心，要实现德意志国家的统一和强大，必须从发掘德意志的传统文化和建立德意志的文化传统着手。代表资产阶级的开明政治家巴隆·冯·斯泰因，在1819年筹集起一笔巨款，建立德意志历史学会，组织一批历史学家专门整理和出版中世纪的德意志史料，用传统来激发德意志人的民族自豪感。也正是在这个时候，在振兴民族文化的口号下，普鲁士创立了柏林大学，集中了一大批德意志学者，树起德意志民族文化的旗帜，有力地推动了德意志民族统一运动和社会改革运动的发展。整个19世纪，有远见的德国人都在致力于振兴民族传统文化的事业，正是这一事业的成功，既保证了德国统一的实现，又保证了19世纪晚期到20世纪初德国资本主义的突飞猛进的发展。

综上，我们可以得出这样的结论：一个国家现代化水平越高，就越能发掘并继承传统文化的精华，并且也越是珍惜自己的传统。一个国家对本国优秀的传统文化的尊重程度，正在日益成为这个国家在文化发展方面是否达到高水平的标志。

五、中国传统文化现代化的必然性

1. 中国传统文化现代化的动力因素

（1）经济全球化构成中国传统文化现代化的外部动力

中国传统文化现代化的外部动力，来自经济全球化趋势所带来的外来文化与本土文化的冲击和碰撞。全球化作为人类社会发展的必然趋势，对人类社会生活产生了重大而深远的影响。从文化发展角度看，其作用有正反两个方面：

首先，积极的正面作用主要是：①全球化拓宽了文化的视野，推动人们从全球（世界）的视角审视自身，构筑新的文化形态；②全球化强化了"文化是人的本质对象化"的观念，提高了人类整体文化意识；③全球化缔造了多元化的文化格局，各民族文化借助全球化的有利时机，借鉴吸收外来文化的优秀成果发展自身，从而形成了更具创造性和生命力的多元文化。

其次，全球化也对文化产生了消极的效应：①全球化带来的各民族文化的普遍相关性，促使各民族文化之间的影响、依存、冲突和斗争日趋明朗化、激烈化；②全球化促进了文化更新加快，使不同民族文化背景的人们普遍感到无所适从，对传统文化的危机感和失落感加重；③全球化使精英文化的地位一落千丈，造成了大众文化的泛滥；④全球化使在经济等方面具有发展优势的国家和民族的文化对其他民族的本土文化带来巨大冲击，甚至导致时时出现文化入侵和文化殖民主义的现象。

人类社会的全球化趋势对中国传统文化的影响也是截然不同的两个方面：一方面为中国传统文化借鉴吸收外来文化、更新和发展自身提供了便利条件和机遇；另一方面又使中国传统文化的某些方面不能适应现代化建设的痼疾暴露无遗，带来了全方位、多层面的挑战和冲击，在一定程度上使之陷入了危机之中。在这种情况下，中国传统文化唯有紧跟时代的脉搏，加快向现代化更新的步伐，方能在潮起潮落中"稳坐钓鱼船"。

（2）建设中国特色的社会主义事业构成中国传统文化现代化的内在动力

中国传统文化现代化的内在动力是建设中国特色社会主义事业的需要，其中最根本的是建立社会主义市场经济体制的需要。

众所周知，中国传统文化是以儒家思想为基线和主脉的文化，儒家思想具备两个最基本的内涵，即高扬道德理性主义的人文精神以及追求和谐与秩序统一的理想目标。在两千多年的发展过程中，又往往以此为基本内核衍化出许多具体的文化意识形态。儒家文化在市场经济条件下有值得肯定其适应市场经济建设的一面。

中国改革开放20多年来取得的显著成果，自然有传统文化的一份功绩。人们还常援引亚洲"四小龙"的腾飞来旁证中国儒家文化与市场经济结合的可能性。韩国学者金日坤曾就儒家文化对韩日经济的作用有过如下概括

（是否值得商榷在此不去讨论）：①集权化的儒教秩序维护了社会组织结构的稳定性和社会的整体性；②忠孝一致的儒教家庭主义行为模式有利于企业的集团管理，消除劳资对立；③健康的劳动观和耐劳精神是经济发展的最关键因素；④儒教修身立世的传统使人们乐于学习、接受教育，有利于人的素质的提高。吴光远教授也从三个方面论述传统文化在今天的市场经济中所体现的强大生命力：①中国的市场经济必须植根于中国的民族文化。建设中国特色社会主义市场经济，"中国特色"是根本，是建设市场经济的出发点和归宿，所谓"中国特色"就是从本民族的传统文化中去挖掘，寻找活水源头；②优秀的传统道德是建设社会主义经济的重要补充，传统道德教育结合革命传统教育可以振奋我国的民族精神，增强中华民族的自信心和凝聚力，可以丰富社会主义道德的内涵，使社会主义、集体主义、爱国主义思想更加深入人心，成为社会文化思想的主旋律，可以更好地协调人际关系，促进社会主义市场经济的发展；③传统文化中的义利并举、德法互补、以民为本等若干重要思想对于今天的市场经济建设仍有重大的现实意义。

自 19 世纪中期开始，随着西方列强的入侵，西学东渐，中国传统文化被迫开始了向以工业经济为基础的现代文化的艰难转型。特别是进入 21 世纪以来，经济全球化、交流网络化的大趋势已使民族文化赖以形成的相对封闭的环境和条件发生了前所未有的改变，中国优秀文化传统不是孤悬于历史进程之外的。因此，实现传统文化现代化在当代就显得尤为重要。

六、中国传统文化现代化的指导思想和根本目标

传统文化的现代化建设，必须始终坚持以马克思主义为指导。马克思主义从根本上揭示了自然、社会和思维发展规律的科学理论体系，是我们认识世界、改造世界的强大思想武器，是人类文化的瑰宝，是先进文化的核心和灵魂。在当前非常复杂的历史条件下，要保证文化现代化建设的正确方向和性质，马克思主义的指导地位只能加强，不能削弱，更不能搞指

导思想的多元化。

　　传统文化现代化建设的根本目标，是造就中国特色社会主义先进文化。这一文化是民族优秀文化、革命文化、国外优秀文化成果和时代精神的有机统一体，其先进性最集中最具体地表现在，它是社会主义社会的重要特征，是社会主义优越性的重要体现，是现代化建设的重要保证，是凝聚和激励全国各族人民的重要力量，是综合国力的重要标志。西方国家搞强权政治，其基本手段之一就是运用思想文化的方式干涉别国内政。如果社会主义的文化建设不能呈现强势状态，那么我们在国际斗争中就难以掌握主动权。因此，我们必须把文化的现代化建设放到建设中国特色社会主义整个事业的大局中来考察，放到整个世界的大局中来考察。只有这样，才能从根本上重视它、实践它，使之真正成为我们的精神力量、文化动力和综合国力的重要组成部分。面对国际形势的深刻变化和各种思想文化的相互激荡，面对国内改革的深入和群众文化需求的日益增长，我们的文化不前进就意味着落后，不发展就意味着倒退。我们一定要有强烈的忧患意识，增强实现传统文化现代化的紧迫感、责任感和使命感，积极探索实现中国传统文化现代化的原则和根本途径。

七、中国传统文化现代化的基本原则

　　1. 选择性原则

　　中国传统文化是在中国漫长的封建社会和半殖民地半封建社会的历史发展中形成的，因此，即使是其中优秀的精华，也不能不带上时代的痕迹，对于社会主义现代化并非都是适用的。必须进行认真选择，从中国传统文化中选择出对社会主义现代化真正有益和有用的东西。例如，中国人在长期的农业社会生活中养成了墨守成规和勤劳俭朴的习惯和作风，对于我们现在所进行的社会主义现代化建设来说，墨守成规是必须反对和抛弃的，因为它是改革开放的障碍。但是，勤劳俭朴却是应该保存和发扬的，因为，没有这种作风就不可能在生产力发展比较落后的基础上尽快实现社会主义现代化。

2. 创新性原则

社会主义现代化是中国历史上全新的事业，因此我们不能简单地继承传统文化的精华，不能照搬来运用于今天的现实。我们必须根据社会主义现代化的要求，对传统文化进行改造和创新。在进行这种改造和创新的时候，我们应该认真借鉴世界上一切先进经验和优秀成果，只有这样才能使传统文化的精华放射出新的光芒。

3. 现实性原则

传统文化的现代化不能脱离中国式现代化建设的实践、脱离当代中国的国情来完成。"中体西用"论、"全盘西化"论错误的实质，就在于脱离了社会主义现代化建设的实际，脱离了当代中国的国情。传统文化的现代化，不单是一个理论问题，更重要的是一个现实问题。它的提出是社会主义现代化建设的客观要求。它的解决，同样不可能依靠少数学者在书斋里找到切实的途径，只能立足于社会主义现代化建设的具体实践，认真研究和解决社会主义现代化建设中遇到的新情况、新问题，不断总结社会主义现代化建设的新鲜经验，创造出符合时代特点的中国新文化。

4. 开放性原则

中国传统文化现代化的提出，是中西文化冲突的结果。在当今的中国，要实现传统文化的现代化，不可能完全摆脱外来文化（主要是西方文化）的影响而采取封闭的方式。没有中外文化的交流，要实现传统文化的现代化实际上也是不可能的。只有在同外来文化的相互交流中，才能找到传统文化的弱点和不足，借鉴和吸收外来文化的优点和长处，认识传统文化与现代文化的差距，明确传统文化现代化的目标，促使传统文化的自我更新。很显然，一味排斥外来文化或盲目崇拜外来文化，都不可能有真正现代化的中国文化。

5. 相对性原则

很长时间以来在现代化研究领域中，存在着一种不被人们注意的理论误区，这就是：把传统文化放入理想中的现代社会，特别是比照着西方最发达的社会来考察，而不是把它放入具体国家具体的现代化进程中来考察，把居于现代化进程中最高目标的那些特质误认为是现代化进程中每一阶段都应具有的特质。在这种虚幻的、反差巨大的比照中，传统文化几乎一无是处。在此基础上产生的种种对策，由于脱离了现实社会和文化连续体本身，最多也只能是貌似诱人而毫无实用价值的漂亮词句。所以正确的方式应当是：任何一个社会和民族在筛选和改造传统文化时，首先必须审慎地判定自身在实现现代化过程中的具体位置，并切实地站在这一位置上来考察、分析、筛选和整合传统文化中的积极因素。只有从这一立场出发所做出的选择，才有可能保证传统文化中的精华在现实主义基础上，与现实社会的其他特质充分整合。

八、中国传统文化现代化的基本途径

实现中国传统文化的现代化，对于中国人来说是一项前无古人的伟大事业。完成这一伟业，有赖于我们做出多方面的积极探索。

1. 直面历史，承袭传统文化优秀成果是实现中国传统文化现代化的本源根基

历史的经验已经证明："西化"不能使中国传统文化现代化；"反传统"即彻底否定传统文化，亦不能实现传统文化的现代化。历史是割不断的，传统与现代有着血肉般的联系。任何发展只能是内在于文化传统的历史演进之中，文化传统是人类发展的基础和灵魂。一旦脱离文化传统，任何善良的设想和行为都会获得相反的结果。因为人既是文化的存在，也是历史的存在，文化在历史中凝聚为思想与实践。这个逻辑表明人的确是传统的存在，是在传统精神的推动下自己发展自己的存在。不可能有离开人的传统，同样也不可能有离开传统的人。从根本意义上说，传统是现代化的根基和发展的新起点。

直面历史，我们就会发现，传统文化的积极因素或精华是不以人们意

志为转移的文化存在。传统伦理文化肯定精神生活的崇高价值；提倡个人向群体负责的义务感；重视人以及人的重要意义；珍惜人际关系的和谐融洽等等，这一切只要赋予新的时代内容，对社会的进步都将产生积极作用。不论社会主义市场经济怎样发展，竞争机制引入经济和生活领域，社会主义的生产关系和人际关系总不能也不会变成赤裸裸的金钱关系和利害关系。儒家讲的利义之辨、推己及人、敬老爱幼、先忧后乐、勤俭自持、廉洁奉公等，这些文化精华经过调整、转化是可以与现代化相契合相适应的，而且中国现代化之所以具有自己的民族特点，也正是由于吸收和继承了传统文化精华的缘故。正是在这个意义上说，直面历史，承袭和弘扬传统文化优秀遗产是实现中国传统文化现代化的历史根基。一个没有文化传统的国家和民族是没有希望的，传统文化作为一种民族的内聚力，正是一个国家能够进行现代化建设的有力保证和精神文化动力。

2. 正视历史，剔除传统文化糟粕是实现中国传统文化现代化的重要环节

历史的实践证明：抱残守缺不能使中国传统文化走向现代化。在对待传统文化问题上有所谓"国粹派"，他们视传统文化为一个不含糟粕的真理体系，认为拿过来就可以直接服务于社会主义现代化建设，甚至可以从中找到现代化建设面临问题的所有答案。实质上，这是与传统虚无主义相对应的传统绝对主义。因为任何传统文化都是精华与糟粕的混合体，中国的传统文化也不例外。事实上，中国传统文化中的消极因素，即所谓的糟粕，是客观的历史存在，不可视而不见；它对现代化建设的消极阻碍作用更不容低估。我们在迈向现代化的伟大实践过程中每前进一步，与精华相伴的糟粕也总是混合而来，有时甚至势头凶猛，但肯定是暂时的、浅薄而没有生命力的。在历史的长河中，只有文化精华是永存的、丰富而深邃的、充满生机和活力的。尽管如此，文化糟粕的负面影响也是不可否认的。诸如平均主义、保守思想、否定个性的群体本位主义、家长作风和宗法观念、封建的等级特权思想、权大于法等等。这些文化糟粕与现代化文明是格格

不入的，如果我们不能在奔向现代化的征程上予以抛弃，中国的现代化大业必然会遭受历史性的损失。

3. 放眼世界，熔铸具有现代性的新质文化是中国传统文化现代化的根本出路

当今的世界是一个开放的世界，这种开放应该是真实的、全方位的。马克思早在一百多年前就曾指出："资产阶级，由于开拓的世界市场，使一切国家的生产和消费成为世界性的了……物质生产如此，精神生产也是如此，各民族的精神产品成了共同的精神财产，民族的片面性和局限性日益成为不可能，于是有许多种民族的和地方的文学形成了一种世界文学。"中国应该大量吸收外国的进步文化，作为自己文化食粮的原料。我国古代的优秀传统文化诸如四大发明等早就远传日本、印度及西方国家，并为他们所利用和改造。同样，别的民族所创造的优秀文化，我们也可以并且应当吸收和借鉴。历史上，我们对佛教的吸收和融合就是一个很明显的例证。我们不仅要吸收外国现代的社会主义文化和新民主主义文化，而且要吸收外国进步的古代文化、近代文化。只有吸收和借鉴包括资本主义在内的人类社会创造的一切文明成果，着眼于世界科学文化发展的前沿，我国的文化才能在保持民族特质的同时，走向现代化之路并铸造出现代化的新质。同样，我们吸收的只是外国文化中的优秀成果，对于其中的腐朽东西必须拒绝吸纳。诸如：极端个人主义文化、拜金主义文化、暴力文化以及色情文化等，我们应当坚决予以拒绝。即使是对马克思主义的文化，我们也应该将其与中国革命实践和民族文化特色结合起来，决不能教条主义、主观主义地套用。

4. 改革创新，积极主动构建合理的新文化体制是中国传统文化现代化的重要保障

文化的兴衰关系到国家的兴衰，兴衰与否决定于能否创新。从人类文化发展的历史上看，自我封闭，缺乏创新，固守僵化是文化走向没落与衰亡的重要原因之一，如古埃及文化、玛雅文化等。而中华民族文化绵延几

千年不衰，除了中华文化的丰厚底蕴外，还得益于其一定程度地吸纳和融合各种文化的创新能力。因此，我们必须把增强民族创新能力提高到关系中华民族兴衰存亡的高度来认识。

　　当前我国正处于经济体制转型的时期，我国的文化体制也应该走出自我封闭的模式并主动走向市场。这就需要政府在文化管理上从实际出发，运用有效的手段，进行积极的引导和规范。首先要充分地提高利用现代化大众传媒手段的能力，更多地借助新闻出版、广播影视、互联网等大众电子传媒提高宣传效率，尽可能地扩大覆盖面，充分利用市场力量来传播法治思想、自由民主思想和价值观念。同时我们也应该看到，高新科技对文化的渗入，也为精神垃圾的制造和流传提供了方便。为此政府还应该加强文化法治建设，加大对文化市场的监管力度，使文化市场竞争规范、有序，为我国新兴的各类文化产业能在文化市场中大显身手创造良好的环境和条件。只有这样，中国文化才能以更快的速度走向世界并参与世界文化建设，才能更具有世界性和现代性。

第二章 中国传统文化的生境

　　基于文化生态学学科视角思考，地理环境是文化形成、存在的物质条件，经济基础和政治结构是文化发展的社会土壤。中国大陆特定的地理环境，对中国文化的形成、发展产生了重要影响。半封闭性的地形地貌，造就了中国传统文化的独特性和封闭性；多样化的地形和气候条件，成就了中国传统文化多样性的文化形态；广袤的疆域，为中国传统文化的交流、融合和延续创造了条件。中国大陆"负陆面海"的自然条件，孕育了华夏民族以农耕为主的经济形态。中国传统文化安土重迁与务实品格、变易观与循环论、兼容并蓄与和谐大同观念的形成，以及对凝重迟滞与崇尚中和的追求，民本主义和集权主义共存等都受农耕经济的影响。人是社会性的动物，人类文化的创造离不开社会环境（即社会结构）所提供的组织舞台。中国传统社会结构的宗法性和专制性特征，形成了中国传统文化的伦理型和政治型范式。

　　人是自然—社会的双重存在物，文化是人类社会实践活动的产物。从文化生态学学科视角思考，任何一个民族文化的产生、发展都有其特定的生存环境。地理环境是民族文化形成和存在的物质条件，经济基础和政治结构是民族文化发展的社会土壤。同样中国传统文化也难脱此窠臼。因此，要学习理解中国传统文化的生成机制、发展嬗变，就必须从其生存环境（简称生境）——地理条件、经济基础和政治结构等方面入手。

第一节　中国传统文化发生的地理条件

任何文化的形成和发展，都是在特定的地理环境下进行的。地理环境是指围绕人类社会的自然生态，包括地形、气候、河流、土壤、矿产和生物资源等。这是人类生存的自然基础，是社会发展所必需的物质条件，以物质生产为中介，深刻地影响着人类历史的发展进程。

一个民族、国家所处独特的地形地貌、山川河流、气候冷暖等地理环境，对其文化的形成和发展会产生重要的影响。因此学习中国传统文化，首先必须对其赖以生存的地理环境有一个整体性的了解和把握。

一、中国传统文化赖以生存的地理环境的特点

早在100多万年至几十万年前，我们的祖先（中华民族）就已栖息于北半球的东亚大陆，该区域的总面积大致在500万平方千米。作为中国文化的摇篮，东亚大陆为中国文化大厦的构建提供了较为宽广的物质基础。这是其他古老文明的发祥地所难以比拟的。

中华民族的栖息地不仅领域广大、腹里纵深、回旋天地广阔，而且地形地貌、气候条件纷繁复杂，形成一种恢宏的地理环境。中国传统文化赖以生存的地理环境的特点，可概括为以下几个方面：

（一）"负陆面海"半封闭性的地形地貌

中国作为一个幅员辽阔的泱泱大国，早在两千多年前，其版图便"东渐于海，西被于流沙。朔南暨，声教讫于四海"，大陆的轮廓已基本确立。经秦汉唐宋历代先民的开疆拓土，特别是元明清时代的融合发展，终于奠定了今日中国东西跨越60多个经度、南北达50个纬度、方圆近1000万平方千米的泱泱大国。中国大陆"负陆面海"是指陆地纵深，东西纵横数千千米，南北跨越数千千米，东端和东南沿海有长达2万余千米的海岸线，

但海洋不能深入陆地腹里。

中国大陆的北部是广漠无垠的草原。东北部是西伯利亚原始森林和北极冰原，往往被视为难以穿越的畏途。中国大陆的西北部直抵帕米尔高原东麓，从陕西关中出玉门关是纵横数千千米的荒漠和绵延起伏的山地戈壁、雪峰。由砾石层构成的干旱的戈壁和荒漠的地貌加上险恶的气候，让古代中国通向西方的道路充满险阻。从西汉开始，古人历经千难万险打通了从中原腹地通往西域的道路，史称"丝绸之路"。

中国大陆南部与东南亚山水相连。南部在古代开发较迟，地广人稀，加上热带丛林瘴疠盛行，被视为南蛮之地，在隋唐以前与中原的交通极为不畅。中国西南耸立着号称"世界屋脊"的青藏高原，平均海拔在4000米以上，诸多山峰超过7000米，面积广阔达230万平方千米。辽阔高原和直插云霄的冰川雪山，阻隔了中国与南亚的往来。

中国大陆东部是浩瀚的太平洋，自北部黑龙江东部沿海至东南沿海有延绵2万多千米的海岸线，从先秦开始沿海交通大多局限于近海，未向海洋纵深发展。

中国大陆地域广大，回旋余地开阔，适合人类生存的地域为500多万平方千米。然而，因为"负陆"，所以有各类自然屏障与外界阻隔，虽然"面海"却又未向海洋纵深发展，故而导致与其他文明中心缺乏交流互动，形成一个半封闭性的状态。

冯友兰在他的《中国哲学简史》一书中曾说过，中国是大陆国家。我们的古人认为中国的国土就是世界。汉语中的"天下"和"四海之内"两个词语都可以翻译成"世界"。海洋国家的人（例如希腊人），也许不能理解这三个词语竟然是同义的。该书中还说，从孔子的时代到19世纪末，中国的思想家没有一个有到过公海冒险的经历。如果用我们现代的标准看，从孔孟之乡到大海的距离并不远，可是《论语》中只有一次提到海——"道不行，乘桴浮于海。"孟子也提到了海——"观于海者难为水，游于圣人之门者难为言。"孟子的话也同样简短，不比孔子强。孔子也仅仅想到"浮于海"。然而，苏格拉底、柏拉图和亚里士多德则生活在海洋国家，曾周游过各岛。由以上可知，古代中国人对海的关注并不多。

（二）三大阶梯的地势与复杂多样的气候

1. 三大阶梯的地势

聚焦亚洲地图可以看到，中国在东亚是一个多山的国家，全球超过8000米的山峰中，中国就有7座。

中国地势的特点是西北高东南低，自西而东层层下降，形成落差显著的"三级阶梯"地形。西部主要分布高山、高原以及大型内陆盆地，东部主要是丘陵平原以及较低的山地，在我国大陆东南则是宽阔缓斜的大陆架延伸于海下。中国大陆上的高原、平原、大山、大川，构成许多独立的地理单元，使中华文化具有多样性、包容性和开放性。

第一阶梯，是以"世界屋脊"著称的青藏高原。在"三级阶梯"中最高的一级雪峰林立，许多山峰超过7000米，平均海拔4000米以上，气候以高寒为特点。与南亚往来的交通被高山阻隔，古代交通不发达，只能绕丝绸之路与南亚进行交往。中原通往西藏腹地的交通也很艰险，直到到了唐代，翻越重重雪峰、峡谷的"唐蕃古道"才得以开通。

第二阶梯，是青藏高原以东、以北至大兴安岭、太行山、巫山、雪峰山一线。其间包括内蒙古高原、黄土高原、云贵高原和塔里木盆地、准噶尔盆地、四川盆地等地区，地形相当复杂，海拔一般在1000米至2000米，唯四川盆地较低，海拔在500米以下。长江、黄河、澜沧江等亚洲大河都发源于此。

该阶梯的气候一般为干旱或半干旱性，尤其是西北内陆受山岭阻隔，无论是东部还是南部的暖湿气流都无法到达该地区，是中国最干旱的区域。从关中玉门关，阻隔于纵横数千千米的荒漠戈壁和连绵起伏的山地、雪峰，加上险恶的气候，自古有"风灾鬼域"之称，使古代中国通往西方的道路充满险阻。

第三阶梯，由东北平原、华北平原和长江中下游平原三大平原，以及江南大面积的丘陵低地、河流三角洲等地带构成，是地势最低的一级，平均海拔在500米以下。该区域内受东南季风的影响显著，气候湿润多雨。从黑龙江东部沿海至东南沿海有2万多千米的海岸线，海上交通在先秦就已兴起，之后日益发达，只是大多局限于近海，与国外的交往受到浩瀚海洋的阻隔。

2. 复杂多样的气候

我国处于北半球，大部分地区属温带和暖温带，南北两端的少部分区域伸入热带和亚寒带。中国大陆气候有两个重要特征：一是大陆性季风气候显著，二是气候类型复杂。中国地处世界上最大的陆地——欧亚大陆，面向世界最大的海洋——太平洋，是著名的季风气候区。冬季，大陆气温比海洋气温低，形成高气压，风从大陆吹向沿海，风向偏北；夏季，大陆气温比海洋气温高，形成低气压，风从海洋吹向大陆，风向偏南。受季风周期性变化以及地形等因素的影响，形成了四季分明、雨热同季的特征，寒潮、气流、梅雨、台风等成为常见的天气现象。

中国大部分地区属于大陆性气候，从东到西，从南向北，大陆性气候特征越来越明显。中国大陆的年降雨量从西北部向东部、南部、东南部逐渐增加。东北地区年降雨量在400毫米至1000毫米之间，黄河流域年降雨量在600毫米至800毫米之间，东南沿海、台湾和海南岛许多地方年降雨量超过2000毫米。

中国大陆作为一个巨大、封闭的地理单元，三个阶梯形如一把躺椅。中华民族在这个躺椅上依山傍水，面朝海洋而内向大陆，形成的中国传统文化是农业文化而不是海洋工商文化。

（三）无天然屏障阻隔的辽阔大陆和广袤疆土

中国大陆辽阔，疆土广袤，河流众多，湖泊星罗棋布。流域面积在1000平方千米以上的河流有1500多条，流域面积大于100平方千米的河流有5万多条。全国径流总量达27115亿立方米，与欧洲的径流总量相当。

中国第一大河——长江，全长6300千米，流域面积180万平方千米，仅次于非洲的尼罗河和南美洲的亚马孙河，位居世界第三。中国的第二大河——黄河，全长 5464 千米，流域面积 75.2 万平方千米。长江流域中下游地区是我国重要的农业区，气候温暖湿润，土地肥沃，丰富的水资源像乳汁一样哺育了一代又一代华夏儿女。黄河流域是中华文明的发源地之一，被称为"母亲河"。

　　中国疆域广大，气候复杂多样，为众多民族及多元文化的形成创造了条件。中国大陆横跨地球的亚寒带、温带、暖温带、亚热带和热带等五个气候带，加之地形复杂多样，各地降水差异明显，有湿润、半湿润、干旱、半干旱之分。例如，西北内陆地区常年干旱，风沙频繁，昼夜温差较大；东北的黑龙江省夏季不热而短促，冬季严寒且漫长；长江中下游、淮河流域冬冷夏热、四季分明；南部的台湾、海南、广东、广西、云南南部等没有冬天，四季暖热多雨，树木常青；青藏高原是高寒地区，空气稀薄，终年积雪。中国多样化的气候类型为发展农业、林业、牧业和渔业等提供了便利条件。

　　辽阔丰腴的中国土地养育了勤劳、勇敢、伟大的中华民族。在中华民族这个大家庭里，生活在东亚农耕区的汉族是其构成主体，还有生活在周边的人数少于汉民族的少数民族，统称"四夷"——东夷、西戎、南蛮和北狄，主要是按他们活动地域的方位命名的。

　　尽管汉族和少数民族人口多寡有殊，文明程度不同，但他们经历了从对垒、冲突到最终融合的过程，互相影响，互相学习，互相依存，共同缔造了中华民族这个大家庭，共同创造了伟大的中华文明。中国大陆"负陆面海"、疆域辽阔、资源丰富、气候宜人的地理环境和气候条件，助力中国先民创造了独具特色的中国传统文化。

二、地理环境对中国传统文化的作用和影响

　　文化形成的过程是人化自然的过程。文化生态学指出，在文化自然的过程中人类既是创造活动的主体又是对象世界的客体，整个活动过程受外

部自然环境的影响和制约。中国大陆特定的地理环境，对独具特色的中国文化的形成起了非常重要的作用。

（一）半封闭性的地形地貌，造就了中国传统文化的相对封闭性和独特性

中国大陆三面环山、一面临海的地理环境，使其成为一个相对独立的地理单元。中华民族的勤劳和智慧加上相对优越的地理环境，使古代中国长期成为世界东方乃至整个世界最富足、最强大的国度，因而古代中国人产生了"泱泱大国，无求于人"的自我陶醉、自我封闭观念。

中国大陆北临茫茫戈壁和原始森林，西方是万里黄沙与高山雪峰，西南矗立着有"世界屋脊"之称的青藏高原，东临浩瀚无际的太平洋，与外部世界相对隔绝。这阻断了以中华文化为主体的东亚文明与其他文明的联系。

从文化发生学的视角来看，任何一种文化的特性都是由该文化的发生期决定的。中国文化的发生期，大致是在东亚文明区与异文明相隔离的情况下独自完成的，因此，中华民族是一个具有创造性的民族，其文化具有鲜明的独特性。当然，从历史发展的角度看不能否认中国文化广采博纳、兼容并蓄的包容情怀，但那是在中国文化的发生期以后，才逐渐与他文化相交流。与异文化的交流、碰撞虽然对中国文化的影响相当深刻，但并未使其发生实质性的改变。

由以上可知，中国文化的独特性虽然不能排除其他诸因素的影响，但不难看出中国地形地貌复杂、通行穿越困难等造成的与其他文明区域相对隔绝的状态，无疑是其中至关重要的因素。

（二）多样化的地形和气候条件，成就了中国传统文化多样性的文化形态

中国大陆领域广大，腹里纵深，东西跨经度60度以上，南北跨纬度50度以上，南北温差近50摄氏度，东西年降水量相差几千毫米。地形和气候条件客观上存在的多样化，决定了各地域生计方式和文化形态的多

样性。

中国的地理环境由南到北存在温度和湿度的渐次差异，决定了淮河、秦岭以南的中国南方，以稻作农业为主；淮河、秦岭以北至秦汉长城沿线以南的中原一带，以粟作农业为主；而在秦汉长城沿线以北的北方地区，则以游牧业为主。同时，中国大陆内大河东西横贯，山系纵横，种种地形特点，把中国大陆分割成大大小小的"国中之国"，从而造成了中国文化多样发展，各区域文化间差异极大，正所谓"百里不同风，千里不同俗"。还需要明确的是，在中国文化史上这种地形多样性导致的文化多元倾向，与文化大一统趋势相辅相成，共同构成中国文化的特点，正所谓"天下同归而殊途，一致而百虑"，这在思想学术领域表现最为突出。

此外，中国大陆地形、气候条件的区域性差异，客观上也成为多民族共居、多种经济成分并立、多种文化类型共存的物质基础。由于平原地区自然环境相对优越，因此形成了各民族聚集、多文化类型融合的历史趋势，从而出现了中国文化形成发展过程中的多元一体格局。

（三）广袤的疆域，为中国传统文化的交流、融合和延续创造了条件

中华民族繁衍生息的大陆虽"负陆面海"，却是一块极为辽阔的大陆，其面积与整个欧洲大陆相差无几。由于疆土广袤，其内部平原广阔，特别是黄河、长江流域平原紧连，没有明显的天然屏障可以阻隔，因而在政治、经济、文化以及军事上都较海洋民族易于统一。

先秦时的《尚书·禹贡》把当时的版图划分为冀、兖、青、徐、扬、荆、豫、梁、雍九州，这是上古以来中华先民所能着力开发的地区，面积300万平方千米左右，在同期的世界文明古国中，其疆域辽阔是罕见的，为中国文化的传播延续提供了充足的空间和回旋余地。

辽阔的疆土必然带来多地区、多民族的迁徙、交流，从而也带来不同文化的交流、融合。当历史上强悍的游牧民族南侵，汉人纵然丧失了黄河流域，仍有广大退路可供回旋，所谓"东方不亮西方亮，黑了南方走北方"。

而其他古文明地区一旦沦亡于外族的入侵，即一蹶不振，独中国能对边族潜移默化，始终保持自己文化的独特风格和完整体系，并使之绵延不绝。在古代中国历史上，几乎每一次社会动荡变迁都为不同文化的交流和整合提供了条件。

从古代中国不同朝代古都的迁移中也可窥见一斑。不同时代的王朝有规律地经历了多次迁徙，大体上是沿着自东向西，之后由西北向东南，最后到元明清时的北京，先后形成闻名于世的七大古都——安阳、西安、洛阳、开封、南京、杭州、北京等。与古代中国不同，其他古老国家的都城大多较为稳定，甚至单一，如埃及的开罗、古罗马（现意大利）的罗马、印度的新德里、英国的伦敦、法国的巴黎等，即使有过短暂迁徙的记录，不久又回到原地。古代中国之所以如此，得益于其所具有的地理位置上的优势，也与经济重心的开拓以及民族、文化的融合有关。

与诸多地域狭小的古代文明在遭到异族入侵或重大的自然灾害时，因没有回旋余地而遭到毁灭不同，中国大陆因疆域辽阔，民族人口众多，回旋余地大，助力中国传统文化的曲折延续而不至于中断。

第二节　中国传统文化植根的经济基础

物质资料的生产是一切社会活动（包括文化活动）得以开展的前提和基础，其本身也是文化活动的重要组成部分。学习中国传统文化除了要掌握它的内在逻辑，还要把握它得以运行的经济动力，探究依据特定的自然条件和地理环境，中华民族发展了怎样的物质生产方式，为中国文化发展提供了怎样的经济基础。

一、农耕经济是中国传统社会经济的主体

中国大陆"负陆面海"得天独厚的自然条件和地理环境，孕育了华夏

民族以农耕为主的经济生产形态。农耕经济是古代中国立国的根本，也是中国传统文化赖以发生和发展的经济基础。

（一）农耕经济

已有研究发现，中国农业起源于第四纪冰川后期。大约在一万三四千年以前，我们的先民就顺应气候转暖的自然变化，开始了农业耕作。考古发现已证实，华夏民族早在六七千年前，已步入以种植业为主的农耕时代，逐渐告别以狩猎和采集为主的生存方式。距今大约6000年的仰韶文化遗址、河姆渡文化遗址已见谷类和稻谷遗痕。距今大约4000年到5000年的龙山文化遗址和屈家岭文化遗址，出土了粳稻等谷物及石锄、石镰等农具。

3000年前的商周时期，进入有文字可考的青铜时代。殷墟甲骨文中出现黍、稷、麦、稻等农作物的名称，并有农事活动记载。铜、石生产农具并用，农耕业达到新的水平。战国时期，辅佐魏文侯的李悝倡导"尽地力之教"，为列国所仿效，农业生产发展成为各国富国强兵的基础。

秦汉以后形成大一统的中央集权制，把"上农除末，黔首是富"定为基本国策，各朝以"帝亲耕，后亲蚕"之类的仪式以及奖励农事的政令鼓励百姓发展农业。耕地的范围随着农业生产的发展，以及统治者移民拓边屯田政策的推行而不断扩大。

中国以农耕为主的生计方式，同时发源于黄河中下游、长江流域。黄河流域的黄土层细腻、疏松，较适宜于粟、稷等抗旱作物的生长，也便于木、石、铜器等农具的运用。因此，农业生产首先在黄河中下游区域达到了较高发展水平，该地区自然也成了中国古代的政治、经济和文化中心。

随着农业生产力的发展，特别是铁制农具和牛耕的普及，中国农耕重心不断向南转移，扩展到土肥水美的长江流域。秦汉时期，中国大一统的实现，为农耕重心向南扩展创造了有利的社会条件。接下来的数百年间，北方被战火蹂躏，边患日益严重，黄河流域的农业生态环境迅速恶化。在战乱逼迫下，大批优秀的中原农耕者向南迁徙，足迹遍布长江中下游区域及东南沿海各地。

中国南方自然气候条件优良,发展农耕经济的巨大潜力很快就得到了发挥。隋唐以后,长江中下游地区迅速成为京都及边防粮食、布帛的主要供应地。"苏杭熟、天下足"和"湖广熟、天下足"的谚语,就反映了唐宋以来农耕经济重心南移的历史事实。"西北甲兵"和"东南财赋"共同构成了唐以后历代社会政治稳定的基本格局。

(二)农耕经济与游牧经济的对垒与融合

除农耕经济外,中国的北方草原自古生活着游牧民族——匈奴、突厥和蒙古族等,都是以游牧为主要生计方式的马背上的民族,他们世代"逐水草迁徙,毋城郭常处耕田之业"。北方的游牧民族经常南下甚至入主中原,例如,公元5世纪鲜卑拓跋部落统一黄河流域,公元13世纪蒙古族人建立元朝,17世纪满族人建立清朝等。农耕经济与游牧经济作为两种不同的经济类型,在中国历史上曾经发生过冲突,但更多的是融合与互补,共同构成了中国传统文化的经济基础。

1. 农耕民族与游牧民族的对垒

农耕民族和游牧民族之间存在生产方式及文明发展水平的差异,必然造成冲突的发生。游牧民族的生产组织和军事组织合二为一,游牧与狩猎活动既是生产实践,又是军事演习,在长期艰苦的自然条件和不安定的生活磨炼之下,形成了游牧民族的强健体魄和剽悍性格,具备所向披靡的巨大威力。以游牧为主的生计方式,决定了他们获取必备生活资料的不稳定性。当自然条件恶化,水乏草枯之际,饥饿的游牧民族就会南下劫掠,"利则进,不利则退",给中原农耕民族造成了巨大的威胁。一旦游牧部落出现了具有政治远见和号召力的领袖,短暂的经济劫掠便发展为大规模的征战,甚至入主中原,建立起混合游牧经济和农耕经济的王朝。

农耕民族依附土地,安定是经济发展的前提。面对游牧民族的不定时侵扰,安居乐业的农耕民族终究无法与其在军事上作长期的争锋。在历史上,即便是曾出现汉武帝、唐太宗和明成祖等远征漠北的短暂行为,也改变不了古代中国的军事格局——经济文化先进的农耕民族处于防守地位,而经济文化落后的游牧民族则掌握着军事的主动权，处于攻势。

处于守势的农耕民族为了抵御游牧民族的侵扰，不得不耗费巨大的人力、物力和财力等，在长达两千年的时间里历尽艰辛，多次修筑万里长城。长城始建于春秋战国时期，当时所建长城因防范对象的不同，分为"互防"和"防胡"两种。秦统一中国后，"互防"长城不仅失去了本来的意义而且还成为统一的障碍，因此被拆除，"防胡"长城的重要性则更为突出。为驱逐匈奴，秦始皇下令修筑长城。秦长城西起甘肃岷县，经黄河河套以北的阴山山脉，东止于今朝鲜平壤西北清川江入海处，全长0.75万千米。汉代长城东起辽东，经阴山，河西走廊，直达新疆罗布泊以西，全长超过1万千米。

我们今天看到的是明长城遗迹，东起鸭绿江口，经辽东沿燕山山脉巍然耸立屏护北京，然后斜穿黄河河套，直抵甘肃嘉峪关，全长0.73万千米。令人惊奇的是，长城的走向几乎与400毫米等降水线重合。这恰恰说明，长城是湿润的农耕区与干旱的游牧区的边界，是农耕民族护卫发达的农耕经济和中原文化的防线，护卫了先进的农耕文明。

2. 农耕民族与游牧民族的融合

农耕民族与游牧民族之间的对垒只是问题的一个侧面，另一个侧面则是两者以迁移、聚合、和亲、互市等形式为途径，实行民族融合和经济文化互补。

当草原上水草丰茂，游牧民族日常生活所需能得到满足时，两个民族之间便以和平方式，大体沿长城一线和各关口，向对方更广阔的地域延伸，进行经济、文化等的交流。例如，游牧人以畜产品同农耕人交换粮食、茶叶、布帛和铁器等，来获得日常生活必需品。这种物资交换形式后来被称为"茶马互市"。

从一定意义上讲，农耕民族与游牧民族之间的战争，也促进了文化交流和民族融合。游牧民族从农耕民族那里学到了生产技术、政治制度和文化，促进了本民族的社会发展，也促进了中原农耕文化向周边扩展和多元文化融合。例如,南迁的北魏鲜卑人孝文帝热爱汉文化,积极实行以三长制、均田制为内容的汉化改革,使北魏社会迅速发展。

尽管游牧民族的社会发展水平比农耕民族低,但他们具有的勇武善战、精于骑射、粗犷强劲和富于流动性等优点,很好地完善了稳健儒雅的农耕文化。例如,战国时赵武灵王的"胡服骑射",汉唐时期开通西域的丝绸之路,都是农耕民族从游牧民族吸纳有益文化养分,发展本民族文化的生动事例。

此外,元朝时,蒙古族人入主中原后,元世祖忽必烈将首都迁至农耕区的大都(今北京),表现了对汉文化的皈依。之后的满族等游牧民族和半农半牧的民族,在接触农耕文化后无一例外地被同化。这一结果说明农耕文化是具有强大的接纳性和包容性的文化,对异文化具有巨大的同化作用。农耕经济与游牧经济作为中国大陆的两种经济类型,历经数千年相互融合、互为补充,使农耕文化更具绝对优势,更加气势恢宏。

二、农耕经济对中国传统文化的影响

农耕经济在中国古代社会经济生活中居于主导地位,贯穿于中国传统社会的始终。中国传统文化的特性,深深地植根于农耕经济基础之中。农耕经济对中国传统文化的影响,具体体现在以下几个方面:

(一)中国传统文化民本主义和集权主义共存

中国传统文化中的民本主义和集权主义相辅相成,是由以农耕经济为主体的社会所决定的。古代中国是农业社会,集权政体赖以生存的物质资料都要由农民生产出来,所以,只有农民安居乐业,社会生产才能稳定有序,"天下太平,朝野康宁"才有保障。所谓的"民可近,不可下,民惟邦本,本固邦宁"体现的不仅仅是对下层百姓遭遇的同情怜悯,而是已经提到了政治高度,将"民"确立为"邦"之根本,认识到"民意"是决定安邦治国的决定力量。孟子提出"民贵君轻""政得其民"的观点,对民本思想作进一步的系统发挥,"民为贵,社稷次之,君为轻。是故得乎丘民而为天子,得乎天子为诸侯,得乎诸侯为大夫。"荀子论证了君民关系,"君者舟也,庶人者水也。水则载舟,水则覆舟"。因此,"为君之道必须先存百姓","存百姓"只是手段,"为君之道"才是目的。这是民本主义的实质。

与民本主义相伴相生的,是集权主义。古代中国农耕经济所需求的社会安定,决定了实现国家的大一统,要依靠政治上和思想上的君主集权主义。为了抵御外敌、维护社会安宁和有序运行,需要建立大一统的集权政治,也就是所谓的"东方专制主义"。

中国古代大多数学派和思想家都有不同程度的尊君思想。春秋战国时期的法家,是绝对君权论的始作俑者。从天下"定于一尊"的构想出发,韩非提出"事在四方,要在中央,圣人执要,四方来效"的中央集权政治设计。他认为君主应拥有无上权威,在君主统辖之下的臣民不具备独立人格,视、听、言、行皆以君之旨意为转移。早在2000年前的秦汉时期,就确立了专制主义的中央集权君主政体,成为中国古代农业社会的一个显著特征。

(二)中国传统文化安土重迁和务实品格的形成

生活在中国大陆的华夏先民,栖息于大江大河灌溉的肥沃平原间,很早就结束了流动的渔猎生活,定居下来以农耕为主要生计方式。农业社会的特点是定住安居,国人的观念中对土地产生了深深的眷恋,土地成为根本。除少数行走的商贩和宦游的士子外,大多数汉族人尤其是农民,日出而作,日落而息,终生附着在土地上。汉民族养成了一种"安土重迁"的习惯,一般不愿离开故土,除非极端严重的战乱和灾荒。而且一个人无论离开故土有多远,死后都要安葬于故乡。

中国传统文化的安土重迁,发挥了巨大的凝聚功能,使国人对故乡、民族、国家产生了强烈的归属感和认同感。《诗经》、《楚辞》、汉赋、唐诗、宋词和明清小说等文学作品中,无不洋溢着无数士人对乡土无限眷恋之情，如《诗经》中的"昔我往矣，杨柳依依；今我来思，雨雪霏霏"，李白的《静夜思》、崔颢的《黄鹤楼》等。

长期的农耕生产，形成了中华民族群体心理质朴厚重的品格和务实精神。在从事农事劳作中，"一分耕耘，一分收获"的生活经验，让华夏儿女领悟到一条朴实的真理——利无幸至，力不虚掷。说空话无益于事，实心做必有收获。久而久之，中华民族"重实际而黜玄想"的精神，越来越根深蒂固。古代中国基于实用基础之上的农学、天文学、医学等十分发达。

以农耕为主的生计方式，形成的中华民族务实之风也影响了文化领域，"大人不华，君子务实"是中国圣贤、哲人一向倡导的精神。相反，亚里士多德式的不以实用为目的，由探求自然奥秘的好奇心所驱使的文化人，较少在中国诞生。

农耕经济对中国人务实品格的影响，还有其他的突出表现。例如，中国人在对待各种宗教的态度上，自始至终未陷入迷狂，世俗的、入世的思想始终压倒神异的思想。总体而言，中国人对生命终极意义的追求，是在"此岸世界"学做圣贤，力求人生"三不朽"——立德、立功、立言，从未去"彼岸世界"寻求解脱。这正是中国传统文化的主流是儒学思想，而不是宗教的原因所在。

（三）中国传统文化对凝重迟滞与崇尚中和的追求

在农业社会，所采用的是农业劳动力和主要生产资料（土地）高度结合的生产方式。劳动者被固定在土地上，既是生产劳动的需要，也是统治阶级的需要。在农耕生产方式下，满足于自给自足，维持简单再生产，缺乏扩大再生产的动力，社会发展运行缓慢迟滞，大体是相对静态的。

在这样的生活环境中，人们极易产生永恒意识，认为世间万事万物都是恒久、静定、守常的，在日常生活中表现出蹈常袭故、好常恶变的习性。反映在传统文化中，是求"久"、求"常"、凝重，保守秉性，致使社会普遍安于现状，缺乏远见和开拓精神。例如，《易传》所谓的"可久可大"，《中庸》所谓的"悠久成物"，《老子》所谓的"天长地久""复命日常"，《管子》

所谓的"天不变其常,地不易其则"等等,不一而足。反映在民间心态中,是对统治秩序希望稳定守常,对家族祈求延绵永远,对器物追求经久耐用,都是求"久"、求"常"意识的表现。

农耕民族的这种凝重迟滞,与游牧民族以战争掠夺、军事征服为荣耀的心理不同,也不同于以商品交换、对外拓展和海外殖民为意向的民族。古代中国士大夫们留下的各类典籍中,能够发现"礼运大同""兼爱非攻""庄生梦蝶"和"归墟里五座神山"等美好的理想或奇妙的幻想,却从未发现过海外扩张和征服世界的狂想。因此,古代中国人平实、求安的文化心理,中国传统文化的厚实凝重性是农业社会特征的具体体现。

为了让自身的行为适应、遵循恒久的自然规律和社会秩序,我们的先哲们创造性地提出了"中庸"之道,作为立身处世的基准。中庸思想作为中国传统文化的重要内容,蕴含的人生智慧,源自农耕经济的土壤。中庸之道包含两层意思:一是强调中和、和谐,反对过犹不及,任何固执一端都失之"中";二是"礼"是"执中"的准则,"中庸"就是"中礼"。孔子认为,"知和而和,不以礼节之,亦不可行也。"据《礼记》中记载,"敬而不中礼,谓之野;恭而不中礼,谓之给;勇而不中礼,谓之逆……礼乎,夫礼所以制中也。""礼"以"制中"为用,所以又称"礼之用,和为贵"。可以说,"中庸"既是儒家思想的基本精神,也是中国文化的基本特征之一。

中庸之道承认对立面的对立、统一,强调用缓和、适度的方法解决矛盾,成为调节社会矛盾使之达到中和状态的高级哲理。中庸之道用于政治,可抑制兼并,均平田产、权利;用于文化则可在多元文化交汇时,讲究异中求同,求同存异,兼容并包;用于风俗便可不偏颇,不怨尤,人情尽理,内外兼顾;用于人格则可盛行温、良、恭、俭、让的君子之风。这与工商业发达的古希腊社会,人们推崇的自我表现、竞争交易之风形成鲜明的对照。

（四）中国传统文化变易观与循环论的形成

农耕生产的春耕夏耘，秋收冬藏，反复表示着人们事物的变化发展与生生不息。与农业生产四季反复变化相一致的变易观便应运而生，并且与恒久观念相辅相成，在中国源远流长，影响深远。

《周易》《老子》的哲学思想中有关变易的观点，其鲜明特征是寓"变易"于"保守"之中。例如，汉武帝刘彻的"复古更化"，"复古"继承了尧、舜、禹三代道统，"更化"是以儒学哲理改变秦代遗俗。还有王安石变法、张居正改革、康有为"维新"，直至现代"新儒家"呼唤的"返本开新"，都在不同程度上体现了寓变易于保守之中的"托古改制"的变异观。

中国传统文化变易观的思维方式与循环论紧密相连。中国农业文明成熟较早，农业生产随着四季更替循环而周而复始的现象，是中国传统文化循环论产生的基础，并长期影响着中国人的思维方式，所谓"寒往则暑来，暑往则寒来。"政治生活中朝代的盛衰更迭，治乱分合的往复交替，正所谓"天下大势，分久必合，合久必分"，以及人世间的种种变幻离合，更强化了循环观念。金、木、水、火、土"五行相生相克"，循环往复，构成了一个完整的体系，也是循环论的重要表现。

中国传统文化循环论思维方式还体现在伦理修养上。《大学》中认为，"知止而后有定，定而后能静，静而后能安，安而后能虑，虑而后能得。"朱熹在《四书集注》中这样解释，"谓得其所止"，就把"知止→有定→能静→能安→能虑→能得，得即止"构成修养循环，达到"得其所止"的佳境，又回到"止于至善"的起点。这种从伦理观念出发，又归结到伦理观念的循环模式，是盛行于农业社会的一种"推原思维"，其最大特点是出发点与归宿"重合"，而这恰恰是农作物从种子到种子的周而复始的演化。

（五）中国传统文化兼容并蓄与和谐大同观念的形成

中国疆域辽阔，各区域的地理环境和自然气候条件各异，形成了不同的生计方式和各具特色的区域文化——秦晋文化、吴越文化、齐鲁文化、楚宋文化等,并且长期借鉴周边少数民族的优秀文化,使中国传统文化有了多样性和兼容并蓄的特点。

在古代中国农耕经济发展的同时,始终保留着多样化的经济成分。从横向看,不仅仅是农业生产,还包含手工业、商业等多种经济成分。从纵向看,中国经济在三代时是原始协作式农业自然经济,秦汉至明清则为农业与家庭手工业相结合的经济,到近代始出现农业与工商业并存的经济形态。农耕经济的多元化结构,也造就了中国传统文化兼容并蓄的包容性特征。在古代中国,战争、自然灾害的发生都引起了人口流动,使不同派别、不同类型的思想文化互相渗透、兼容并包、多样统一,表现了中国传统文化"有容乃大"的雄伟气魄。

中国传统文化的和谐观念与中国的农耕经济是息息相关的。受农耕经济的影响,人们形成了固守家园、起居有定、耕作有时、安土重迁、和平相处的观念,由此派生了防守自卫的民族心理。因此,追求和谐成了中国传统文化的重要特点,也是中国传统价值观念。和谐成为农耕民族追求的目标和生活的价值,由此可推衍到社会生活的各个层面,由个人和谐推衍到家庭和谐、社会和谐,推衍到国家乃至世界的层面,便是追求"天下为公"的"大同"理想。和谐大同理想一直延续,维新派思想家康有为撰写了《大同书》,孙中山题写了"天下为公"的横幅,毛泽东写出了"太平世界,环球同此凉热"的豪迈诗句,将"和谐观念、大同理想"升华到崭新的高度。

第三节 中国传统文化依托的社会环境

人是社会性的动物,社会性是人区别于动物的基本特征之一。人的社会性的外化形式是社会结构。人类文化的创造不仅离不开自然环境提供的地理舞台，也离不开社会环境（即社会结构）为人类文化创造提供的组织舞台。

《吕氏春秋·恃君览》就记载了先秦时人对人类"社会"特征的认识，"凡人之性，爪牙不足以自守卫，肌肤不足以捍寒暑，筋骨不足以从利避害，勇敢不足以却猛禁悍。然且犹裁万物，制禽兽，服狡虫，寒暑燥湿弗能害，不唯先有其备，而以群聚邪？群之可聚也，相与利之也。"这里的"群"与"社会"的内涵相近。

我们的先民正是凭借一定的组织形式，进行交流合作、互相帮助，才得以克服恶劣的自然环境，从动物世界中脱颖而出，雄踞食物链的顶端，用万物之灵的大脑和双手，创造出辉煌灿烂的中国文化。

一、中国传统社会政治结构的特点

中国传统社会政治结构的突出特点是"家国同构"。该社会政治结构是由带有某种血缘温情的宗法制度和中国一脉相承的专制制度相结合的产物。中国传统社会政治结构对中国传统文化的影响，包括占主导地位的意识形态、哲学思想、宗教信仰、伦理道德、文学艺术、民风民俗，甚至科学技术等诸多领域。因此，中国传统社会政治结构就成为"透视"中国传统文化的一个非常重要的"窗口"。

在历史进程中，中国社会结构发生过种种变迁；然而，以血缘纽带维系的宗法制度长期留存，影响到社会生活的方方面面。宗法制度，是氏族社会成员之间牢固的亲族血缘关系在新的历史条件下演化而成的，是血缘关系与社会政治等关系密切交融、凝结的产物，是一种复杂但井然有序的血缘政治社会构造体系。在中国，宗法制度的产生与确立是一个漫长而复杂的过程。

（一）宗法制度的产生

人类走着大体相同的道路，在阶级产生以前大都是以血缘关系为纽带建立起来的组织形式,由最先的原始群居,发展为氏族,继而又发展为部落。

在阶级、国家产生之后,由于受自然环境及各地居民不同生活方式的影响,血缘关系在社会生活中的表现形态及地位出现了重大差异。例如,地中海沿岸的古希腊,人们长期生活在多岛的海洋型地理环境中,很早就从事海上商业贸易活动。这种流动性很强的生计方式,淡化了蒙昧时代的血缘关系,形成了以地域和财产关系为基础的城邦社会。

中华民族是在"负陆面海"的一块广袤大陆上独自发展起来的,自然地理环境和生计方式与古希腊有很大差异。中国大陆面积辽阔,地形地貌复杂,气候类型多样,有高山峻岭,有一望无际的平原,还有无数的河流和湖泊,以至于在先民的眼里中国就是天下。中华先民生活在半封闭的广阔区域内,很早就以农耕为主要生计方式,过着"日出而作,日落而息"的定居生活。聚族而居,与世隔绝的生活方式,即使完成了从野蛮到文明的转型后,也没有冲破人类原有的血缘关系,血缘家族的社会组织形式被长期留存下来。需要明确的是,氏族社会的血缘关系与文明时代的血缘关系有着本质的区别,前者是原始民主制的基础,而后者则是阶级专制的基础。

在中国传统文化中,"宗"与"族"相互依存:同"宗"者必是同一血缘,共祭同一祖庙;同"族"者必有共同所亲之祖,所敬之宗。在"宗族"这一概念中,祖先崇拜和血缘关系被有机地结合在一起,血缘关系是祖先崇拜的基础,祖先崇拜又是强化血缘关系的纽带。二者不断地被强化和延续,成为中国传统社会赖以存在的核心,形成了延续数千年的血缘宗法制度。这种以血缘关系为纽带所形成的宗法制度,其渊源可追溯到原始父系氏族公社或家庭公社时期。作为一种制度,它形成于商,完善于周。

(二)宗法制度的确立

在商代宗族制度的基础上,西周统治者建立了一套体系完整、等级严格的宗法制度。宗法制是周代贵族一项重要的社会政治制度,其核心内容是嫡长子继承制。

1. 嫡长子继承制

嫡长子继承制规定，"立嫡以长不以贤，立子以贵不以长"的原则在于区别嫡庶和大小宗，目的在于确保财产和权力继承的稳定性。

宗法制度的嫡长子继承制，始祖的嫡长子继承宗统，之后历代继承宗统的都是嫡长子，这个系统被称为大宗。嫡长子称为宗子，为族人所共尊。嫡长子孙以外的众子，相对于大宗而言则叫作小宗。在小宗范围内仍实行宗法制，即第一代的始祖财产、权力由一代一代的嫡长子继承，由此形成这个宗族内的大宗，相对于这个大宗系统而言，其余子系统则为小宗。这个系统内的小宗仍可按宗法制再进行大小宗的划分。

嫡长子继承制是从父权制社会演化而来，用父子血缘亲情来维系王权的稳定。周天子及其继承者，从君统看他是天下的共主，是政治上的最高统治者，从宗统看他又是天下的大宗。

嫡长子占据最高王位。因为嫡长子只有一个，所以就避免了兄弟之间为争王位而造成的战乱，对稳定社会和政治秩序起到了一定的作用。

2. 分封制

分封制是周代宗法制度的又一个显著特点。分封制，史书上称为"授民""授疆土"，以宗法制为依据，内容是大宗对小宗的层层分封，即从周天子开始，把周族政治势力控制的领土、统治权和被征服的异族人口层层地分给下级宗法贵族。具体做法是：周天子自己的余子以及姻亲贵族和功臣为诸侯，称国；诸侯封自己的小宗为大夫，称家；大夫再封自己的小宗为士。士是周代贵族系统中最末的一等，士以下没有再分封，是否有宗法，不得而知。

由以上可知，在分封系统中，诸侯和大夫具有大宗和小宗的双重身份。按照周代分封制规定，天子和受封的诸侯之间有一定的权利和义务：天子有巡狩解决诸侯争端，统领诸侯进行军事行动的责任；诸侯有定期朝觐天子，进献贡纳，入朝服役之义务。其他的封主和封臣之间也有类似的权利和义务关系。

3. 宗庙祭祀制度

宗法制度以血缘亲疏来认定同宗子孙的尊卑等级关系，以维护宗族的团结，所以十分强调尊祖敬宗，有严格的宗庙祭祀制度。宗庙祭祀制度是为了维护宗族网络而发展起来的。历代君主十分重视宗庙建设，将其与社稷并重，作为国家权力的象征，王宫前左宗（太庙）右社（社稷坛）的建筑格局一直沿袭到明清时代。北京故宫前左侧的劳动人民文化宫便是明清的太庙，右侧的中山公园是明清的社稷坛。民间建有祠堂和家庙，作为家族祭祖之地。

王国维在谈到殷周制度时认为，"周人制度之大异于商者，一曰立子立嫡之制，由是而生宗法及丧服之制，并由是而有封建子弟之制，君天下臣诸侯之制。二曰庙数之制。三曰同姓不婚之制。此数者皆因之所以纲纪天下，其旨则在纲上下于道德，而合天下诸侯卿大夫士庶民以成一道德之团体。"这表明，西周社会是利用宗法的组织形式来管理国家，把血缘关系与政治等级关系结合起来，整个社会制度就是一个金字塔式的等级结构。

（三）宗法制度对中国传统社会结构的影响

"家国同构"是宗法社会最鲜明的结构特征。严格意义上的宗法制，尽管在周代以后就不复存在了，"家国同构"的精神却根植于数千年的中国古代社会中。

所谓"家国同构"，是指家庭、家族和国家在组织结构方面的同一性。"国"与"家"在结构上一致，以血亲—宗法关系来统领，组织系统和权力配置都是严格的父家长制。在家庭、家族内，父家长地位至尊，权力至大；在国内，君王地位至尊，权力至大。在"家国同构"的格局之下，家是"小国"，国是"大家"。父家长因其血统上的宗主地位，统率其族众家人，并且其宗主地位并不因其生命的停止而中止，而是通过血脉遗传代代相传。这造成中国古代社会地缘政治、等级制度等社会结构，始终未能完全独立于血亲—宗法关系而存在。

正如黑格尔所言，"中国纯粹建立在这一种道德的结合上，国家的特征便是客观的'家庭孝敬'。中国人把自己看作属于他们家庭的，而同时又是国家的儿女。"我国学者则形象地将这种"人—家—国"的社会组织模式称为"同心圆式"，以区别于西方传统社会个人与社会对立并此起彼落的"跷跷板式"。

在"家国同构"的格局下，家族是家庭的扩大，国家是家族的扩大和延伸。君王自命"天子"，龙种高贵，君王驾崩，君统不辍，由其嫡长子自然承袭，如是者不绝。父家长在家庭内"君临"一切，"家人有严君焉，父母之谓也"。君王是全国子民的"严父"，"夫君者，民众父母也"。不仅国君如父，而且各级地方政权的首脑亦被视为百姓的"父母官"。简而言之，父为"家君"，君为"国父"。君父同伦，家国同构，宗法制度渗透于社会整体，甚至掩盖了阶级和等级关系。

尽管古代中国的奴隶制国家和封建制国家是按地缘原则建立起来的，不同于原始的氏族部落，却始终未能摆脱氏族血亲—宗法关系的纠缠。在某种意义上说，中国的奴隶社会是宗法奴隶制，是家族的政治化。中国"家国同构"的社会结构与印度、欧洲大不相同，这大大影响了中国文化的形态。

中国社会组织的"家国同构"格局，以及由此而来的"忠孝同义""忠孝相通""求忠臣于孝子之门"，都是宗法制度长期遗留的结果。中国学者将其总结为，"吾中国社会之组织，以家族为单位，不以个人为单位，所谓家齐而后图治是也。周代宗法之制，在今日其形式虽废，其精神犹存也。"这一论说是符合实际的。

二、中国传统社会政治结构对中国传统文化的影响

中国传统社会结构的特征，对中国传统文化的影响是巨大的，主要表现在：

形成中国传统文化的伦理型范式

中国传统社会结构的宗法型特征，形成了中国传统文化的伦理型范式。

传统文化的伦理型范式给社会发展带来的既有正面影响，也有负面影响。

正面影响表现为：①浓厚的"孝亲"情感。该情感既表现为对长辈的绝对顺从、孝敬，也表现为对逝去先者的隆重祭奠。"百善孝为先"，孝道被视为道德规范的核心和母体，忠君、敬长、从兄、尊上等都是孝道的延伸。②中华民族凝聚力强。凝聚力是中华民族赖以生存和发展的内在动力，其伴随着中华民族的形成发展而发展。中国传统社会独特的血缘、地缘关系，对中华民族凝聚力的形成产生了巨大影响。③对传统的极端尊重。对传统的极端尊重，提升了中国文化的延续力，使其成为世界上罕见的不曾中断的文化形态。④宗法伦理观念构成中国文化意识形态的核心。在中国，伦理学成为社会首屈一指的文化门类，反映于学术文化领域，便是道德论、宇宙论和认识论的互摄互涵。

伦理型范式的负面影响有：三纲五常的伦理说教，"存理灭欲"的修身养性，"非我族类，其心必异"的盲目排外心理等，成为中国文化健康发展的障碍。

第三章 中国传统文化的历史演变

中国传统文化历史漫长，积淀深厚。先秦时期，从夏商立国到战国，是中国传统文化的萌发与争鸣期。中国文化孕育发端于上古时期，殷商西周时期初具形态。到了春秋战国时期，出现了百家争鸣的文化景象，掀开了中国文化史上最光彩夺目的篇章，为之后文化的发展奠定了基石。秦汉"大一统"局面的形成，为中国文化共同体的形成奠定了坚实的基础，在中国文化史上具有划时代的意义。在魏晋南北朝时期，儒、玄、佛、道多元文化相互碰撞与融合，形成气势恢宏的隋唐文化。隋唐时期的宏伟壮阔造就了该时期史诗般的文化。以安史之乱为转折点，中国传统文化出现了大的流转，由大气的唐文化转向了精致的宋文化。唐文化具有开放、外倾、色调浓艳的特点，宋文化则具有相对封闭、内倾、色调淡雅的特征。自1368年朱元璋建立明朝，到1840年鸦片战争前的清朝，中国传统文化的发展演变，经历了一个由生长到全盛再到衰落的过程。从文化形态上来看，该时期不仅宣告了封建文化的没落，同时又是寻找和建构新思想文化体系的开始。

博大精深的中国传统文化，从孕育生发到发展完善，经历了一个漫长曲折、波澜壮阔的发展过程。回顾中国传统文化的发展历程，我们可以深刻领悟到中国精神文明的基本特点和历史演进逻辑。

第一节　先秦：中国传统文化的萌发与争鸣

先秦时期，从夏商立国到战国，是中国文化的真正开始。中国文化孕育发于上古时期，在殷商西周时期初具形态。到了春秋战国时期，出现了百家争鸣的文化景观，掀开了中国文化史上最光彩夺目的篇章，为中国文化的发展奠定了基石。该时期的文化，体现了"人不断解放自身"，走向文明的进程。

一、上古——中国传统文化的发生与起源

中华民族作为一个古老的民族，经历了若干万年的原始社会，史学家称其为"上古时期"。我国古代文献中保存着该时期的历史传说，中国文化孕育和发端其于该历史时期。

要了解中国文化的源头，首先要了解中国人的起源，因为中国文化是中国人创造的。所谓文化是在人与自然的互动中产生的，是和自然相对立的人文化。人和自然之间，是对立统一的关系。人类在适应和改造环境的过程中，既改造了自身，又创造了文化。德国哲学家卡西尔在《人论》一书中，把人与文化联系在一起进行思考。他说："人只有在创造文化的活动中方成为真正意义上的人，也只有在文化活动中，人才能获得真正的自由。""人的本质是永远处在制作之中的，它只存在于人不断创造文化的辛勤劳动之中。"换言之，中国文化的起源与中国人的起源是紧密联系在一起的。中国很早就有盘古开天地、女娲抟土造人的神话传说，还有记载了中华民族人文始祖炎帝、黄帝创造赫赫业绩的文献史料，最能说明中国人起源的是20世纪以来考古发现的早期人类大量的遗址和实物资料。

人类体质的发展，大体分为猿人、古人、新人三个阶段。据考古学家们研究证实，人类起源发展的三个阶段在中国大陆都有据可考。在华夏大

地上，至少 200 万年以前就留下了中华民族祖先的遗迹，他们的足迹遍及全国各地。1998 年在安徽繁昌县孙村镇发现了 250 万年前的人类遗址，1965 年在云南元谋发现了 170 万年前的人类化石，这是中国境内最早的人类活动的历史证据。从孙村人、元谋人，经过蓝田人、北京猿人、丁村人、河套人和山顶洞人等阶段，表明了在人类进化的各个阶段中国都没有缺环，可以建立较为完整的进化序列。

在漫长的历史长河中，人类不仅完成了从猿到人的转变，并且在该转变过程中也创造了文化。

正如鲁迅先生所言："人类在未有文字之前，就有了创作，可惜没有人记下，也没有法子记下。我们的祖先原始人，原是连话也不会说的，为了共同劳作，必须发表意见，才渐渐地发出复杂的声音来。假如那时大家抬木头，都觉得吃力了，却想不到发表，如果其中有一个叫道'杭育杭育'，那么这就是创作。……倘若用什么记号留存下来，这就是文学，他当然就是作家，也就是文学家，是'杭育杭育'派。"中国文化，就是在中华民族先民通过劳动改造自身的同时悄然开始的。

二、上古文化的多地域分布

文化一经在古代中国大陆上产生，就呈多地域分布状态。大约在公元前 7000 年，中国文明进入新石器时代。农业是该时期最重要的发明，使人类生活由完全依赖自然赐予，过渡到改造自然进行生产，并建立了生产型经济。从此，人类结束了因采集和狩猎而需不断迁徙的生活方式，转变为定居，以种植植物为主。这是人类征服自然、改善自身生活的一个里程碑，是人类文化创造上的巨大进步。

新石器时期的文化遗址遍布全国各地，已经发现了 7000 多处，它们之间既有内在联系和统一性，又带有区域性特点，可以分为不同的文化群落。这表明，在古代中国大陆，原始文化出现了多地域分布状态。在黄河中下游地区，著名的文化遗址有仰韶文化遗址、大汶口文化遗址、龙山文化遗址（山东、河南）等；在长江中下游地区有良渚文化遗址、马家窑文化遗址、龙山文化遗址（湖北）、屈家岭文化遗址等；在以燕山为中心的燕辽地区有红山文化遗址等。随着氏族部落之间的交往、斗争和融合，各文化之间也出现了融合。

若加上旧石器时代文化遗址在内，中国上古文化遗址分布则更为广泛，其分布在黄河流域、长江流域、珠江流域，东北、西北、华中等地区。旧石器时期的人类为生存与大自然进行斗争。该时期，在中国大地上开始了工具的制造和使用，这是由猿到人转变的关键，也是原始物质文化的开端。语言的产生、火的使用都是该时期伟大的文化创造。北京猿人已能使用和保存火。这些早期的人类活动已经包含有意识性的内容，它们不仅标志着人与动物的最后诀别，而且也标志着人类文化的起始。

除考古发现外，通过神话传说和民俗学研究也能发现我国上古文化分布广泛。到国家形成之前，在黄河和长江流域主要有三大文化部落——华夏部落、东夷部落和苗蛮部落。三大部落之间连年征战，最终华夏部落获胜，确立了华夏文化在中华民族多元文化中的主流地位。

华夏部落在黄河中游地区活动，起初在渭河流域，后来沿黄河两岸向东发展至今山西、河南、河北一带。华夏部落分为两支：一支为姬姓，其首领是黄帝，号轩辕氏；一支为姜姓，其首领是炎帝，号神农氏。传说中黄帝是一个既能发明创造，又能带兵打仗的神。

东夷部落在黄河下游和江淮流域地区活动，开始在山东省的南部，后来向四周扩展，北到今山东省北部和河北省南部，西到今河南省东部，南到安徽省中部，东到大海。夷人以制造弓矢出名，从"夷"的字形看，就表示一个背着弓的人。蚩尤是夷人的首领，神通广大，能呼风唤雨，经常与黄帝打仗，最终被黄帝打败。

苗蛮部落在江汉流域和长江以南地区活动，在今湖北、湖南、江西一带。伏羲和女娲是部落的首领。相传伏羲制作打猎捕鱼的工具，女娲炼五色石补天。

三大部落在步入文明前夕，发生了一系列的兼并战争。先是炎、黄两部联合打败蚩尤，完成了炎黄诸部与蚩尤部落的融合。之后，黄帝又打败了炎帝，黄、炎两部融合，黄帝成了华夏部落的首领。之后华夏部落又击溃了苗蛮部落，统一了中国，使中华民族文化的主流地位得以确立，并对后世文化产生了深远的影响。

三、上古文化对中国文化的贡献

四五十万年前的北京猿人已经能够制造和使用工具，制造的工具有木器、骨器，而更多的是石器。北京人开始使用火，是一项具有划时代意义的文化创造。因为火的使用标志着人与动物的最后诀别。正如恩格斯所言："就世界性的解放作用而言，摩擦生火还是超过了蒸汽机。因为摩擦生火是第一次使人支配了一种自然力，从而最终把人同动物界分开。"火是一种化学反应现象，虽然不同于石器、木器、骨器等工具，但是作为猿人进行物质生活的重要手段，火的使用从本质上讲也属于工具的范围。

北京猿人的主要生计方式是狩猎和采集，在共同劳动的过程中，产生了语言。距今约十万年的丁村人和距今约一万八千年的山顶洞人等将原始文化向前推进了一步，推动了原始社会末期的炎黄时代，中国文化的主体和核心——华夏文化的形成。一统中国的华夏文化对之后中国文化的发展产生了深远的影响，可以说，炎黄时代是中国文化的开端。

基于炎帝和黄帝时代对中国文化产生所做出的巨大贡献，我们以炎黄时代文化为代表，来分析上古文化对中国文化的贡献。

粟和稻是中国史前农耕文化的主要谷物品种。以黄河流域为中心的北方地区，主要谷物是粟，据说是炎帝亲自从野生植物狗尾巴草培育出来的，适于在干旱的黄土地带生长。秦岭、淮河以南的长江中下游地区，主要谷物是稻。稻是野生稻培育出来的，适于在温暖、湿润、水源充足的南方种植。

渔猎是那时仅次于农业的生计方式，先民们使用的渔猎工具有弓箭、石矛、鱼叉、鱼钩、渔网等。作为副业的家畜饲养在炎黄时代有了很大发展，各地都饲养猪、狗、牛、羊、马和鸡等。猪和狗是中国史前驯养的主要家畜，而猪的饲养最多。

在炎黄时代，与农业生产相关联的农具也有了较大的发展。炎帝发明的农具有耒和耜。炎黄时代还出现了陶刀、加工工具石碾。宝鸡北首岭遗址出土农具共7种128件，农具有石、蚌、陶、木多种质料，最多的是石质生产工具，木质农具数量也不少。

炎帝还发明了医药。炎帝遍尝百草，寻找为人治病的药物。相传他尝百草曾"一日而遇七十毒"，"一日百生百死"，仍矢志不移，表现了大无畏的牺牲精神。他发现了很多种草药，为人治病。后人将中药学经典取名为《神农百草经》，以纪念炎帝始创医药的功德。

炎帝还是陶器的发明者。炎黄时代的陶器和玉器，不仅满足了生活的需要，而且还有很高的艺术欣赏价值。例如，黄河流域出土的尖底瓶，山东一带出土的像现代高脚杯样的器物等。有些陶器的造型直接取之于动植物，例如，黄河流域的葫芦瓶，山东一带的兽形器等，模仿动物的神态惟妙惟肖。

彩陶的出现更反映了当时制陶技术的提高。彩陶纹饰动物图案的出现反映了原始宗教的图腾崇拜。例如，华山周围一带出现的鸟和鱼结合的纹样，极有可能是仰韶文化的图腾。玉器主要是礼器，反映了当时的原始宗教观念。玉器中的礼器类主要有璧、琮、璜等，都是举行祭祀仪式使用的用品。

黄帝部落的发明也很多，除物质文明以外，还延伸到了精神文明和制度文明，遍及社会生活的所有方面。古代文献记载，黄帝之史仓颉发明了文字，"初创书契"。还有记载上古"好书者众矣，而仓颉独传者，壹也"。黄帝发明了冠冕，具有文明教化的意义。黄帝还设立了"七辅""六相""三公""四史""百官"等官吏，是中国行政制度的滥觞。黄帝还"成命百物，以明民共财"，则具有财产制度的意义。

中国传统文化中的"天人合一"观念，强调人与自然的和谐统一，该观念在炎黄时代就已有了萌芽。后人称炎帝之时"渐革庖牺之朴,辨文物之用",又说"神农教耕而王天下,师其智也"。"文"乃文明,"智"乃智慧,"文""智"二字准确地说明了中国传统文化的开端。

中国传统文化的人文精神也发源于炎黄时代。在较早的文献中,我们能看到炎黄时代的历史是人的历史。炎帝、黄帝都是有父母子孙的现实社会的人,而不是神,他们的发明、创造和取得的成功、胜利,都依赖于人的积极进取。这种相信人的力量,依靠自身的努力,为他人、为社会谋利益的精神是中国传统文化的优良传统。

四、殷商西周——从神本文化到人本文化

原始社会的人们开创了制造简单生产工具和生活用品的文化活动。随着原始思维的发展逐渐形成了原始宗教观念——自然崇拜、图腾崇拜、祖先崇拜等,但是,这些原始宗教观念尚不具备系统化、理论化的特征。正如马克思所言,"这个时代的人们,不管在我们看来多么值得赞叹,他们彼此并没有什么差别,他们还没有脱掉自然发生的共同脐带。"直到殷商西周时期,中国文化的基本形态才得以形成。

在夏商西周时期,从文字的发明到青铜器具的使用,从宗法、礼乐制度的创建到人本精神的确立,中国文化迈出了重要的一步,为之后中国文化的发展奠定了坚实基础。

(一)"天命神权"的神本文化

公元前 21 世纪,中国历史上第一个国家政权——夏朝建立,同时中国文化也迈出了重要一步。商兴起于黄河中下游的一个古老部落,是继夏朝之后的第二个奴隶制国家。初始阶段,商人主要以游耕为生计方式。为与此相适应,商人的都城一再迁徙。盘庚迁都于殷(今河南安阳市)后,商也称殷,又称殷商。在殷都传位八代十二王,历时 270 多年。在长期定都的条件下,商朝的文明水平有了显著提高。

殷商时期出现了甲骨文,其单字约在3000以上。后人所谓的"六书"——象形、指事、会意、假借、形声、转注六种构字法,在甲骨文中都已具备,这表明中国文字已进入较成熟的阶段。有了成熟的文字,就有了中国最早的文献。商时甲骨卜辞和铜器铭文中长的一般约为四五十字,所以周人说"惟殷先人,有册有典"。

殷商时期,青铜冶铸业得到了长足发展,这标志着生产力水平的提高。安阳殷墟出土的铜器,不仅数量多,品种多,而且制作也很精美。据考古发现,商周时期不仅出现了大规模的冶炼铸造作坊,而且采用了与后世铸铜合金成分相近的配置标准。青铜在该时期被作为制造生产工具、生活用具和武器的重要原料,在各个领域取代了石器和陶器,被铸造成各式各样的复杂器物。在各种青铜器中,最重要的是礼器,又称为"彝器",例如,鼎最为重要,一度成为国家政权的象征物。

在殷商时期,人们仍然无法回答长久积聚在心中带有世界观性质的重大问题,例如,命运观念、天命观念等等。因而在以神秘性、笼统性为特征的原始思维支配下,商人尊神重巫,体现出强烈的神本文化特色。

商人观念中的神,地位最高的是"天"或"帝",将原始人对自然和祖先的崇拜观念在此演化成"天神至上"的观念。将"天"视为宇宙中最高的主宰,并编造"君权神授"的谎言。"帝立子生商"的意思是,上帝派其儿子建立商王朝,商王按照上帝的命令来统治万民。"天命神权"成为商统治尊奉的宗教世界观。

在"天命神权"的神本文化支配下,商朝在生产、征伐、封邑等重大事宜上都要通过卜辞征求"上帝"的意见。例如,卜辞中有"今二月帝不令雨",意思是二月不下雨是上帝的命令;"王封邑,帝若",即殷王给臣下封邑取得了上帝的同意。

除了上帝崇拜,商人还有祖先崇拜。相对于"上帝"来说,祖宗神居于第二位。商人认为,商的先公死后可宾于帝,以沟通上帝和人世。商时占卜盛行,祭祀活动十分隆重,规模盛大,这也体现出"天命神权"的神本文化特征。

殷商文化的"天命神权"特色,是人类思维水平尚处于蒙昧阶段的产物。随着人们社会实践经验的丰富,体力和智力水平不断提升,对神权的崇拜逐渐淡薄,对自身能力的自信心则与日俱增。"天命神权"的神本文化逐步向以人为本的文化过渡,商周之际的社会大变动便是转化的契机。

(二)"以德配天"的文化维新

周是渭水中游的一个古老部落,作为偏处西部的"小邦",曾长期附属于商。公元前11世纪周灭了商,建立了周朝。周朝建立后,进行了一系列的文化维新,对之后中国文化的发展具有重要的意义。

宗法制度的确立是周朝"文化维新"的重要表现之一。宗法制兼具政治权力统治和血亲道德制约双重功能。周朝利用宗法制度,建立了一个从天子、诸侯、卿大夫到士的金字塔式的严密统治程序。周朝是中国历史上第一次形成的以华夏族为主体的统一王国,此时奴隶制国家机构和政治制度臻于完善。

周朝统治者继承并发展了殷商的"天命神权"思想,形成了一种完整的宗法奴隶制的意识形态。周朝统治者仍信奉"天"是宇宙中最高的主宰,但又不完全信赖天命,引进了"德"的概念来解释王朝更替、人世盛衰等社会现象。

周统治者宣扬他们是受上天之命而取代商王朝的,商灭亡的根本原因是"民之所欲,天必从之",殷商统治者"惟不敬厥德,乃早坠厥命"。这样周人就合乎逻辑地解释了殷商丧失政权的合理性,同时也论证了周政权建立的合法性,即"惟乃丕显考文王,克明德慎罚,不敢侮鳏寡,⋯⋯惟时怙冒闻于上帝。帝休,天乃大命文王殪戎殷"。也就是说,殷人失德,故失去了天的庇佑,丧失了政权;周人有德,获得了上天的庇佑和政权。也从另一个侧面说明,商朝的存亡,仅仅依靠虔诚的崇天祭祖根本无济于事,关键在于统治政策是否"宜民宜人"。因此,周统治者提出了"敬德"的思想,主张"皇天无亲,惟德是辅"。

综上可知，周朝统治者总结了夏亡殷灭的历史教训，更加重视"民心"。"天命"虽然重要，但要得到"民心"就必须施行"德政"。周朝统治者提出了"敬德保民"，"以德配天"的思想，成了儒家主张"德治"思想的渊源。周朝的"以德配天"思想对于修改了"天神圣上"论，具有重要的理论意义，改变了人完全屈服于神的状态，意味着人可以参与对世界的主宰。这标志着殷商以神为本的文化开始向以人为本的文化过渡。

西周时期形成的阴阳、五行思想对中国文化产生了深远影响。《易经》是形成于西周初年的一部卜筮之书，该书试图用两种不同性质原理且不同排列组合的符号，来概括自然界和人类社会的复杂现象，这是哲学思维的开始。"五行"是人们日常生活中不可缺少的物质材料。"五行，一曰水，二曰火，三曰木，四曰金，五曰土。水曰润下，火曰炎上，木曰曲直，金曰从革，土爰稼穑。润下作咸，炎上作苦，曲直作酸，从革作辛，稼穑作甘。"由此可知，五种物质材料既是人们生存的物质基础，也是构成世界的物质基础，这表明原始朴素唯物主义思想开始萌芽。

"制礼作乐"是周朝"文化维新"的又一重要表现。周朝时期确立了以上下、尊卑等级关系为核心的礼制和与之相配合的情感艺术系统（乐），这就是所谓的"制礼作乐"。礼制是周代观念文化、制度文化、行为文化的集中体现，既是典章制度的汇总，也是政治生活、经济生活、家庭生活各种行为规范的准则。正所谓"道德仁义，非礼不成；教训正俗，非礼不备；分争辨讼，非讼不决；君臣上下，父子兄弟，非礼不定……非礼威严不行。祷祠祭祀，供给鬼神，非礼不诚不庄。"

从思想文化的角度来看，西周"以德配天"思想的意义在于：第一，周初的统治者对统治权威的来源和依据问题已有充分认识。由于历史的局限性，他们仍然打着皇天、上帝的旗号，但是事实上，他们对皇天上帝背后民意的真正决定作用已有清醒的认知。第二，从"以德配天"的核心理念出发，周人合乎逻辑地引发出一系列政治统治的思想和手段，其中，最重要的是"无逸"和"民彝"思想。无逸，是说统治者不要懈怠和放纵，即在治理方面要尽心竭力，严肃端敬，在生活方面要严于律己；民彝，是说为百姓制定各种规范，并且引导他们去遵守。第三，"以德配天"的落脚点是保民和德政，它所包含的爱护百姓、引导百姓的思想是难能可贵的。这一思想后来被儒家发展为系统的仁政思想，成为中国古代政治思想的主流。

五、春秋战国——中国文化的"轴心时代"

公元前 770 年，在犬戎的强烈攻势下，周平王迁都洛邑，史称东周，中国进入了春秋战国时期。春秋战国时期，周天子失去其天下共主的地位，"礼崩乐坏"，诸侯并立，竞相争霸，连年兵战。思想文化领域出现了大的变革局面，诸子蜂起，百家争鸣，春秋战国时期成为中国历史上第一次文化大发展的时期。

（一）"百家争鸣"得以产生的社会条件

据文献记载，春秋 300 年间"弑君三十六，亡国五十二"，战国 250 余年间发生大小战争共计 220 余次。激烈的兼并战争打破了孤立、静态的生活模式，文化传播规模日盛，多因素的碰撞、交织与渗透提供了文化重组的机会。在这充满战乱的动荡年代，中国文化奏起了辉煌的乐章。

1. 士阶层的崛起

各国国君为了富国强兵竞相礼贤下士，甚至一些官僚、贵族也招贤纳士，"养士之风"盛行。积极致力于争霸事业的诸侯对人才的渴求，更加助长了士阶层的声势。处于贵族最底层的士阶层，从沉重的宗法制樊篱获得解放，取得了独立的社会身份地位。士的崛起，意味着一个以"劳心"为务，专业从事精神性创造的文化阶层形成。

2. 文化教育的大发展

殷商西周时期，巫史掌管文化教育，拥有维护贵族阶层垄断文化的特权，只有贵族子弟才有受教育的权利。周礼规定，"学在官府"，只准"国之贵游子弟学焉"。一般人被排斥在"官学"之外，没有接受教育的权利和机会。在王公贵族、诸侯大夫门下从事各种文化活动的"士"，不得不流落民间。到了春秋战国时期，社会大裂变致使文化教育得到普及和较大发展，打破了以往少数贵族垄断文化知识的格局，由"学在官府"走向"学在民间"。

与此同时，原先深藏在宫廷的文化典籍也流传于民间，成为一般平民的读物，"天子失官，学在四夷"已是大势所趋。"官学"的崩溃，必然促成"私学"的兴起。在这样的历史条件下，孔子提出了"有教无类"的主张，首创私学，使大批新兴地主、商人和农家子弟也有了受教育的机会。这对于冲破"学在官府"——贵族垄断文化的局面，促进"学在民间"的文化下移，推动历史前进具有积极的作用。

3. 宽松自由的学术氛围

竞相争霸的诸侯列国，尚未建立一统的观念形态。学术环境宽松自由，使文化人有可能进行独立的、富于创造性的精神劳动，从而为道术"天下裂"提供了前提条件。随着周天子共主地位的丧失，世守专职的宫廷文化官员纷纷走向下层或转移到列国，直接推动了"百家争鸣"的兴起。

诸子百家都抱有"以其学易天下"的宗旨，也的确"皆有所长，时有所用"。各国封建君主也都"兼而礼之"，"时君世主，好恶殊方，是以九家之术，蜂出并作，各引一端，崇其所善。"由于不主一家，并允许各家之间相互批驳和论战，因而形成了"百家争鸣"的局面。

在战国中期，还出现了像稷下学宫这样盛况空前的学术文化活动中心。稷下学宫建立于齐桓公时，位于齐国都城临淄（今山东淄博）稷门附近。到齐宣王时达到鼎盛时期。据有关史料记载："（齐）宣王喜文学游说之士，自如邹衍、淳于髡、田骈、接予、慎到、环渊之徒七十六人，皆赐列第，为上大夫，不治而议论。是以齐稷下学士复盛，且数百千人。"由此可知当时稷下学宫众贤荟萃的繁盛景象。

许多著名学者都在稷下学宫讲过学，荀况曾三为学宫"祭酒"，成为当时最有威望的学术领袖。稷下学宫有相当长久的学术传统，是当时最有影响的学术文化活动中心之一。云集在此的各派学者可以各抒己见，自由辩论，相互吸纳，相互批评，这对促进战国时期的百家争鸣和学术繁荣起了非常重要的作用。

正是由于以上几个主要条件的共存，为中华民族的精神发展创造了一种千载难逢的契机，"百家争鸣"正是在这样的文化背景下应运而生，写下了中国文化史上光辉灿烂的一页。

（二）百家争鸣及各学派特征

所谓"百家"，是指诸子蜂起、学派并立的一种文化现象。据记载称"凡诸子，百八十九家"。西汉司马谈认为，最重要的有儒、道、墨、法、名、阴阳等六家。由于诸子在社会地位、思维方式和学统承继上存在差异，学派风格上也各具鲜明的个性特征。

1. 以"仁"为核心的儒家学说

孔子是春秋末期伟大的思想家和教育家，儒家学派的创始人。其学说体系的核心为"仁"，"仁"既是连结儒家学说各范畴的媒介，又是各个范畴和言行的总纲。孔子把"仁"理解为，仁者"爱人"，"夫仁者，己欲立而立人，己欲达而达人"，"己所不欲，勿施于人"。孔子把"仁"作为人生追求的最高理想，提出"志士仁人，无求生以害仁，有杀身以成仁"。

儒家学说体系的核心为"仁"，体现在政治观上为"节用而爱人，使民以时"，反对国君横征暴敛，用残酷的手段统治人民，提倡"为政以德"，用德化的方法使人民对统治者俯首帖耳；体现在社会伦理观上，将"仁"具体化为主体修养的品德，来规范主体的行为，调节人际关系；体现在宗法观上，主张孝悌为"仁"之本，使"仁"植根于"亲亲、尊尊"的宗法血缘基础之中。在中国两千多年的历史长河中，"杀身成仁"成为士大夫阶层自我完善的神圣节操。

儒家学说非常重视"礼"，把"礼"看作维护旧的等级制度的重要手段。孔子试图恢复"周公之礼"，以"克己复礼"为使命，但又不同意完全照搬。

孔子认为要维护周礼，须从"正名"入手。所谓"正名"，就是用周礼去匡正已经发生变化的社会现实，使君臣父子各安其位，遵守各自的本分，不越位，不错礼，即所谓的"非礼勿视，非礼勿听，非礼勿言，非礼勿动"。

儒家学说"守旧而又维新""复古而又开明"的特性，在日趋消逝的贵族分封制宗法社会和方兴未艾的封建大一统宗法社会之间架起了一座桥梁。这也是儒家学说虽在动荡变革的形势下显得举步维艰，却又在新的社会秩序稳定后被推上独尊地位的重要原因。自先秦以降，儒家学说不断发展，最终成为中国传统文化的主干。

2. 以"道"为本体的道家学说

以老庄为代表的道家，是先秦诸子中与儒家并驾齐驱的又一大流派。老子是道家学派创始人，春秋末期的哲学家。庄子是战国时期道家的主要代表人物。道家学说将"道"作为最高的原则，并将其贯穿到宇宙观和认识论中，形成了别具一格的思想体系。

道家学说有着尊重规律的科学精神，朴素深刻的辩证思想，认为"祸兮福之所倚，福兮祸之所伏"，"有无相生，难易相成，长短相形，高下相倾，音声相和，前后相随"。也就是说，事物相互对立的两个方面，既相互关联，相互依存，在一定条件下又可以相互转化。

道家学说也有"周行"循环的形而上学观念，知足不为的消极人生态度，保守倒退、"知其不可奈何而安之若命"的宿命论。体现在政治主张上则是"无为而治"，"道常无为而无不为"，"侯王若能守之，万物将自化"。"无为"就是顺其自然，在政治上"不尚贤"，"不贵难得之货，使民不为盗"。老子认为最理想的社会政治制度是"小国寡民"的原始社会。

3. 墨子及墨家学派

墨子（约前468—前376），是墨家学派创始人，战国初期思想家。墨家思想反映了下层劳动群众，特别是小手工业者的性格和需求。墨家的政治主张有"兼爱""非攻""尚贤""尚同""节用""节葬""非乐"等。在墨子看来，"凡入国，必择务而从事焉。国家昏乱，则语之尚贤、尚同；

国家贫，则语之节用、节葬；国家熹湛湎，则语之非乐、非命；国家淫僻无礼，则语之尊天、事鬼；国家务夺侵凌，则语之兼爱、非攻。"也就是说，只要"兼相爱，交相利"，社会上就不会有以强凌弱、以贵傲贱、以智诈愚和互相攻伐的现象了。"三表"是检验认识真伪的标准，"上本之于古者圣王之事"，"下原察百姓耳目之实"，"观其中国家百姓人民之利"。把"事""实""利"综合起来，以间接经验、直接经验和社会效果为标准，努力排除个人的主观成见，否定了唯心主义的先验论。

4.其他各学派

春秋战国时期，除儒、道、墨三家之外，法家、名家、阴阳家在当时影响也较大。

法家是主张法治的一个学派，也是战国时的"显学"，后来成为秦王朝统治天下的政治理论。韩非集法（政令）、术（策略）、势（权势）之大成，建构成完备的法家理论。主张变法革新，加强君权，反对世卿世禄制和血缘宗法制；主张发展经济，富国强兵。在治国方略上主张严刑酷法，在文化政策上主张"以法为教"，"以吏为师"，实行文化专制主义。法家所推行的政策，为建立与加强统一的封建国家提出了理论根据。西汉以后，虽然儒学独尊，但法家学说仍或隐或现地发挥着作用。以严刑酷法为主要手段的法家思想与以教化为主要特色的儒家思想交互作用，对封建统治巩固和延续起了重要作用。

名家，是以讨论名实问题为中心的一个学派，代表人物有惠施与公孙龙。惠施是"合同异"派的代表人。"合同异"派揭示不同事物间的普遍联系，包含着辩证法的合理因素，但无视事物间质的差异，夸大事物的统一性，最终陷入相对主义和诡辩论。公孙龙是"离坚白"派的代表。该派认为石之"坚"与"白"是相分离的，夸大了事物的特殊性，把一般与个别、普遍与特殊割裂、对立起来，导致形而上学。虽然名家的好辩往往因混淆名与实、一般与个别的区别而流于诡辩，但其思想对于启迪人的智慧有积极意义。

阴阳家认为，阴阳二气的消长变化是万物发展变化的根源，阴盛则阳衰，阳盛则阴衰，矛盾双方互为消长，一生一灭，构成自然社会万事万物运动发展的终极原因和基本方式。邹衍是阴阳家的代表人物，他认为整个宇宙是有秩序的统一体，一切事物的变化都受到阴阳五行的支配。运用阴阳五行原理来论证社会人事活动是阴阳家的一大创造，从时间、空间的流转变化去掌握世界则是阴阳家独特的思维方式。

春秋战国时期的诸子百家学说，对之后中国封建社会的政治、经济和文化产生了深远影响，尤其是儒家和道家思想对中国传统文化主干的形成起了奠基性的作用。正是经由诸子百家的探索和创造，中国文化精神的各个侧面才得以丰满和完善，大致确定了中国文化的基本取向。

第二节 秦代至六朝时期：中国传统文化的统一与多元

公元前221年，经过多年的兼并战争，秦终于完成"吞二周而亡诸侯，履至尊而制六合"的统一大业，建立了中国历史上第一个封建专制主义的中央集权国家——秦王朝。秦王朝的统治维持了没多久，便在农民起义的烈焰中轰然坍塌，取而代之的是刘邦建立的汉王朝。秦汉不仅致力于思想文化的统一，而且还加强了与外界的文化交流。接下来的中国历史，进入了分裂、动乱的三国魏晋南北朝时期。该时期的显著特征是打破了秦汉时期形成的大一统一元文化格局，经过境内、境外各民族之间的文化交流与融合，中国文化出现了更为丰富多彩、生动活泼的多元发展局面。

一、秦汉——宏阔包容的大一统文化

秦汉大一统局面的形成，标志着中国文化共同体的形成，在中国文化史上具有划时代的意义。"大一统"一词，最早见于《春秋公羊传·隐公元年》。所谓"大"，就是尊重、重视；所谓"一统"，原指诸侯天子皆统一于周天子，后指全国实现"六合同风，九州共贯"的格局。

（一）文化统一与思想统一

秦汉统治者建立了统一的国家后，为了加强和巩固中央集权制，致力于思想文化的统一。

1. 文化统一

战国时期，因诸侯割据造成各诸侯国文字、律制和度量衡的不统一，在秦始皇统一天下后，解决了之前的种种"异"，建立了统一的文化。

文化统一所采取的重要举措有：①书同文。下令李斯等人进行文字整理与统一，在周朝大篆的基础上，汲取齐鲁等地通行的蝌蚪文笔画简省的优点，创制出一种人称"秦篆"的新文字。秦篆，形体匀圆齐整，笔画简略。把秦篆作为官方文字颁行全国，是为"书同文"。②车同轨。定车宽以六尺为制，统一车辆形制，一车可通行全国，是为"车同轨"。③度同制。颁布统一度量衡的诏书，结束战国时各国货币、度量衡制度混乱的局面，是为"度同制"。④行同伦。"以法为教"，并在各地设置专掌教化的乡官，名曰"三老"，统一人们的文化心理，是为"行同伦"。⑤地同域。废除周代以来的封邦建国制度，粉碎地区壁垒，将东至大海，西达陇右，北抵阴山，南越五岭的辽阔版图统一于中央朝政的政令、军令之下，又通过大规模的移民，开发边境地区，传播中原文化，是为"地同域"。

秦始皇统一文化，在加强了专制君主集权政治的同时，也增进了秦国各区域内人们在经济生活、文化生活乃至文化心理上的共同性，为中国文化共同体的形成奠定了坚实的基础。

2. 思想统一

秦汉时期不仅统一了文化，还统一了思想学术，这对之后的中国文化产生了十分巨大的影响。公元前213年，秦始皇为了加强专制统治，采纳了李斯的建议，颁布了"收天下书不中用者尽去之"的焚书令和挟书律，次年，卢生、侯生等方士、儒生私下指责秦始皇专任狱吏，贪于权势，秦始皇大怒，将"犯禁者四百六十余人，皆坑之咸阳"，这就是历史上有名的"焚书坑儒"事件。在特定的历史条件下，秦始皇采取统一思想的措施是必要的，但是，"焚书坑儒"毁灭了大量的古代文化典籍，造成了中国文化史上的一次空前浩劫。

（二）恢宏的文化精神

秦汉王朝具有宏大的规模和气象。秦国与东地中海的罗马、南亚次大陆的孔雀王朝并立为世界性三大国家。汉帝国的版图更在秦国之上，与其同时并立的世界性大国只有罗马。秦汉帝国的强大，根植于新兴地主阶级的生气勃勃、雄姿英发，由统治阶级精神状况所决定的社会文化基调也处于一种不可抑制的开拓创新的亢奋之中。宏阔的追求成为秦汉文化精神的主旋律，万里绵延、千秋巍然的长城，"覆压三百余里，隔离天日"的阿房宫，气势磅礴、规模浩大的秦始皇陵兵马俑，无不是秦汉宏阔文化的辉煌产物。

开拓进取、宏阔包容的时代精神也激发中国文化共同体的工艺、学术创作高潮，作用于共同体外部的广袤世界，也促进了中外文化的交流。在文学上，汉赋、乐府诗和散文成绩斐然，不但盛极一时而且留下了许多名篇佳作，成为一种富有特色的文体楷模。在史学上，《史记》《汉书》两部巨著的诞生具有划时代的意义，开创了中国史学的新纪元。在数学上，有了《周髀算经》、《九章算术》等著作，有了勾股定理的最早记载。在天文学上，有了我国现存最早的天文著作《五星占》，还有最早的太阳黑子记录，张衡发明了浑天仪、候风地动仪等仪器。在医学上，有了世界上最早的全身麻醉法"麻沸散"，世界上最早的健身操"五禽戏"，有了《神农本草经》《伤寒杂病论》等医学著作，出现了张仲景、华佗等著名医学家，并建立了传统医学的体系。

秦汉时期，中国文化从东、南、西三个方向与外部世界展开了全方位、多层次的文化交流。最著名的文化活动是汉代开辟的丝绸之路，中国以丝绸为主的产品运抵西域和欧洲，西域乃至印度的文明成果也不断地涌进中国，中外经济文化的来往日益频繁，为中国文化增添了灿烂的色彩。

（三）经学兴起

到了汉代，儒家的地位逐渐上升。武帝下诏"罢黜百家，表彰六经"，确立了儒学在主流意识形态中的独尊地位。"罢黜百家，独尊儒术"的文化政策推行之后，西汉统治者以"五经"为尊，并推行"以经取士"的选官制度，传经之学和注经之学成为专门的学问。武帝以后，政治、思想、文化领域都是儒家经典一统天下，"经学"成为汉代至清代的官方哲学。

在经学内部因学术派别不一致而爆发了今、古文经学之争。"今文经"是朝廷为了便于经学流播，下令搜集流散民间、口头流传的儒家著作，写为定本，作为传述的依据。由于这些经书用当时流行的文字记录整理，所以称为"今文经"。"古文经"是鲁共王刘余、北平侯张苍、河间献王刘德等人通过各种途径所发现的儒家经书，这些经书用古籀文写成，故称"古文经"。今、古文经学之争，不仅仅是书写文字大不相同、篇数上不一致以及读法问题，而且随着经师源流不同，传授的方法和对经义的解释也不相同，逐渐形成两种不同的思想体系和政治派别。

概括来说，今文经学的特点是政治的，讲阴阳灾异，讲微言大义；古文经学的特点是历史的，讲文字训诂，明典章制度，研究经文本身的含义。前者强调合时，后者强调复古；前者学风活泼，但往往流于空疏荒诞；后者学风朴实平易，但失之烦琐。

从武帝时代直到西汉末，今文经学居"官学"正统地位。在今文诸经中，《春秋公羊传》尤为重要，以治《春秋公羊传》起家的董仲舒，在著名的今文经学著作《春秋繁露》中，淋漓尽致地阐述了"天人感应""阴阳五行""三统"（黑统、白统、赤统）循环等学说，从而构建起天人一统模式，对中国传统思想文化产生了重要的影响。古文经学在王莽摄政时扶摇直上，东汉继续发展，大学者辈出，贾逵、马融、许慎为其中代表。

从汉武帝"罢黜百家，独尊儒术"之后，孔子和六经被尊奉为神圣不可触犯的圣人和经典，儒家思想成为两千多年来中国古代社会的正统思想，而经学又是儒家思想的核心，可见经学对中国传统思想文化影响之深远。

要辩证地看待经学对中国文化的影响,正如有学者所言,"经今文学的产生而后中国的社会哲学、政治哲学以明,因经古文学的产生而后中国的文字学、考古学以立,因宋学的产生而后中国的形而上学、伦理学以成。"由以上可知,经学对古代专制制度的巩固和延续起了巨大作用,同时也严重抑制了新思想的萌芽,阻滞了科学技术的发展。

二、魏晋南北朝——多元文化的冲突与融合

魏晋南北朝时期,战乱与割据长达四百年之久,打破了封建帝国大一统的集权政治和经济体制。"儒学独尊"为文化内核的一统文化模式也随之瓦解,取而代之的是生动活泼的多元文化发展格局。

(一)玄学兴起

玄学是盛行于魏晋时期的一股新的文化思潮。有道是"有晋中兴,玄风独振",玄学是儒道思想在魏晋社会特定历史条件下形成的产物。

东汉末年,统治阶级的腐败与儒家学说所宣扬的"仁政""礼治"等社会伦理规范截然相悖。在意识形态领域,居于支配地位的儒家学说被烦琐解释而"经学"化,已无力为东汉统治集团作粉饰。而黄巾起义所宣传的平等思想,也从根基上动摇了封建的等级观念。社会剧烈动荡,封建统治集团面临严重危机。

残酷的社会现实有力地宣布了儒学的"不周世用"和思想的虚伪,统治阶级需要一种新的意识形态替代汉代儒学,于是玄学应运而生。"玄"出自《老子》的"玄之又玄,众妙之门",意思是虚无玄远,高深莫测。玄学家们特别推崇《老子》《庄子》和《周易》,将其奉为"三玄"。玄学产生之初,与儒学发生过较为激烈的冲突。玄学之士往往"以老、庄为宗而黜六经",儒学之士也谴责玄学家"好谈老庄,排弃世务,崇尚放达,轻蔑礼法"。但是玄、儒二学虽然相互排斥,却也有相互吸收的一面。玄学以道家思想解释儒家经典,援道入儒,儒道兼综。玄学保留了儒学维护

上下尊卑的纲常名教,摒弃了董仲舒的天命论,融进了道家的"道""无",以"无"作为宇宙的根本准则。

此外,玄学作为一种本体论哲学,对魏晋人所追求的理想人格的构建是其现实意义所在。在玄学"贵无"思想的影响下,魏晋士人对现实极为不满,便采取了远离政治、自命清高的态度。他们要么讨论一些玄远高深的抽象哲理,隐喻时政;要么徜徉山水之间,"琴诗自乐",追求一种怡然自得的恬然生活;要么放浪形骸,有违礼法。陶渊明和"竹林七贤"便是魏晋士人行为方式的代表人物。

玄学提倡在现实人生中,特别是在情感中达到对"无限"的体验,这使玄学与美学联结在一起,成为魏晋美学的精髓。魏晋时期兴起的"重神理"而"遗形骸"、"重自然"而"轻雕饰"的美学观念,以及新兴的山水诗画都深深浸染着玄学风采。

(二)道教创立

道教是中国土生土长的宗教,是由秦汉时期的方仙道和黄老道演变而来的。从战国至秦汉时期,燕齐一带的神仙方术与邹衍等人的五行学说相结合,形成了方仙道;而汉代时方术又与黄老学说相结合,形成了黄老道;在东汉末年,方仙道与黄老道逐渐演变为早期的道教。东汉顺帝时的《太平经》是道教最初的主要经典。

早期道教主要有两个分支:一是于吉、张角创立的"太平道",因信奉《太平经》为经典而得名;一是张陵创立的五斗米道,因信奉者出米五斗而得名。东汉熹平年间,张角曾利用太平道组织并领导了黄巾起义。道教从张陵开始,正式奉老子为教主,以《道德经》为主要经典。而东晋的葛洪、北朝的寇谦之、南朝的陆修静和陶弘景,逐渐将道教改造成为地主阶级门阀士族服务的贵族宗教。经过魏晋南北朝的改造,道教作为一个完整意义上的宗教已基本定型,隋唐时期又有较大发展,成为与佛教相抗衡的一大宗教流派。

作为宗教的一大流派,道教具有宗教的一般特征。作为中华民族创立的宗教，道教具有鲜明的民族特征。道教的教旨是神仙思想，以长生成仙为目标。道教的养气健身术、房中术、炼金服丹术等，都体现了在宗教观念上同传统的哲学流派、思想息息相通，体现了中华民族重现实重现世的民族性格。与此同时，道教还积极调和儒学，将儒学中的伦理精义纳入教义、教规之中，与玄学对待儒学的态度基本上是一致的。曾有学者这样描述儒家与道教之间的关系，"儒家对道教不排斥也不调和，道教对儒家有调和无排斥。"

道教与道家之间的关系需要明确的是，道家是道教的主要思想渊源。但是道家不同于道教，道家是老子开创的学术派别，而道教则是一种宗教。道教在形成过程中，为了提高其地位便假托老子为教主，奉《道德经》为经典，故而容易模糊两者的界限。

道教观念中有反映下层人民要求生存权利以及平等互助的思想，道教文化对古代医学、化学、药物学、养生学等都有自己独到的见解，并提供了许多有价值的资料，对中华文化的发展产生过重大的影响。

（三）佛教传播

魏晋南北朝时期，道教勃兴的同时，来自南亚次大陆的佛教也气势日增地注入了该时期的文化系统。佛教作为外来宗教，起源于印度，在两汉之际（公元1世纪）传入中国。到魏晋南北朝时期，佛教才得到真正意义上的传播和发展，对中国文化的影响也才日渐广泛和深远，并在传播过程中逐渐融合中国文化而出现中国化。

佛教宣扬人生如苦海，但它可以把人从这种痛苦中解脱出来，进入极乐净土的天堂。由于对佛教理论的解释不同，先后形成了小乘佛教和大乘佛教。从两汉之际到南北朝，佛教在我国的传播、发展大致经历了三个阶段：第一阶段，自传入至三国。该时期佛教并未得到士大夫阶级和上层社会的重视，朝廷也不允许汉人出家当和尚。第二阶段，两晋时期，佛教依附于玄学。该时期玄学之风大兴的氛围和西晋腐朽的政治环境，为佛教的发展提供了土壤。总的来说，玄、佛一拍即合，玄学几乎完全融入佛教之中。

第三阶段，南北朝时期，佛教逐渐摆脱玄学，走上独立发展的道路。

佛教文化的流传对中国文化产生了深远的影响。

（四）儒、玄、道、佛的冲突与整合

魏晋南北朝时期，形成了中国传统文化史上儒、玄二学和道、佛二教相互冲突、相互融合的多元激荡的文化奇观。

玄学产生之初，"以老、庄为宗而黜六经"，大有"与尼父争涂"的势头。以嵇康、阮籍为代表的"放达"派"竹林玄学"，直接抨击儒家"名教"，提出"越名教而任自然"的命题。儒学之士则谴责玄学家"好谈老庄……崇尚放达，轻蔑礼法"。但是，儒、玄二学虽然相互排斥，却也有相互吸收的一面。一些儒者注意到老庄之学具有救名教伪弊之功，而玄学最终的思想特征也是援道入儒，儒道兼综的，因而在某一时期呈现出儒、玄合流的现象。

道教虽然主要以道家为其思想渊源，但同时也调和儒学，将儒学中的伦理思想纳入其教义、教规之中。正如葛洪所说："欲求仙者，要当以忠、孝、和、顺、仁、信为本。"当佛教传入中国后，道教还受佛教的影响而建立神仙谱系。

佛教文化的流传既对中国文化形成了冲击，又给予中国文化的发展以积极的促进。所以佛教传入中国后，很快在中国的文化土壤里扎根、生长，并形成属于中国的佛教宗派。佛教在宇宙本体论、人生观、价值观乃至思维方式等方面都影响了儒学、玄学与道学，反之儒学、玄学与道学也影响了佛教。正如有学者所言，"儒家对佛教，排斥多于调和，佛教对儒家，调和多于排斥，佛教和道教互相排斥,不相调和(道教徒也有主张调和的)。"

佛教对于文学艺术的影响更为显著，很多佛经故事成为文学创作的源泉，"般若学"和"禅宗"的思想则直接影响了陶渊明、王维、白居易、苏轼等人的诗歌。中国的三大石窟都与佛教有关，寺院建筑更是中国传统文化不可分割的一部分。

魏晋南北朝时期，儒、玄、佛、道之间的相互冲突、相互排斥、相互

吸收和相互融合，造成了意识形态结构的激烈动荡和文化整合运动。加之该时期匈奴、鲜卑、羯、氐等北方少数民族入主中原而引发的胡汉文化交流与融合，使魏晋南北朝文化呈现出丰富性、多样性的格局。在文化的多重碰撞与融合中，中国传统思想文化得到了多角度的发展和深化。

第三节　隋代至元代：中国传统文化的成熟与辉煌

魏晋南北朝时期，儒、玄、佛、道多元文化相互冲突与融合，形成气势恢宏的隋唐文化。隋唐时期的宏伟壮阔造就了该时期史诗般的文化。以安史之乱为转折点，中国文化出现了大的转折，由大气的唐文化转向了精致的宋文化。唐文化具有开放、外倾、色调浓艳的特点，宋文化则具有相对封闭、内倾、色调淡雅的特征。

一、隋唐——文化的隆盛期

公元581年，隋文帝灭亡陈国，结束了数百年来社会动乱、四分五裂的局面。公元590年，隋文帝统一南北，结束了南北对峙的局面。此后，隋朝和唐朝积极经营边疆少数民族地区，拓展疆域，形成了国土空前辽阔的统一的多民族封建国家，中国古代社会进入了盛世时代。在隋唐时期大一统的环境下，各民族之间的文化交流日益紧密，中外经济文化交流也空前扩大，同时还继承了魏晋以来汉族的传统文化。可以说，该时期的文化发展充满了兼容并蓄的宏大气派。

（一）隋唐文化发展的社会历史条件

隋唐建立初期，统治者比较开明，社会矛盾也趋于缓和，并实行开明专制，采取儒、道、佛三教并举的政策。提倡儒学，用儒家的忠孝伦理规范人们的行为，增强社会的向心力，大力推崇佛、道二教，作为安定社会、净化风气的有力手段。隋唐还建立了相当完备的国家机构，确立三省六部制以加强中央集权制统治,对之后的历代封建王朝产生了深远的影响。推行科举制度,不以门第而以才学选拔人才,巩固了封建制度,为后世历代所采用。

隋唐时期经济繁荣,国力强盛,当时的综合国力居于世界领先地位,为中外文化的交流创造了条件。该时期中国文化的繁荣,吸引其他国家纷纷派遣使者来华学习,长安成为中外文化汇聚的中心,中国文化被传播到世界各地。与此同时,隋唐文化也以博大的胸襟吸纳异域文化,同时异域的宗教、医学、音乐、舞蹈等纷纷涌入中国,丰富了隋唐文化的内容。中外文化交流达到了中国文化史上的高潮。

隋唐时期,经济繁荣、社会稳定促进了科技发展,科技发展又反过来促进了经济、文化的繁荣。该时期科学技术取得的成就有:恒星位置变化的发现,以及地球子午线的实测在世界天文学史上具有重要地位;雕版印刷术的发明在人类文化传播史上意义重大;孙思邈的《千金方》为中国医学之经典;大运河的开凿促进了南北经济、文化的交流;赵州安济桥是现存世界上最古老的跨度最长的单孔石拱桥;唐都长安城的对称布局、棋盘格式的规划和建设,成为古代建筑史上的杰作;唐三彩更是中外驰名的瓷器极品。所有这些,都为中国古代经济、文化和科技的发展谱写了新篇章。

(二)兼容并蓄的宏大气魄

隋唐以强盛的综合国力为根基,以朝气蓬勃的世俗地主阶级知识分子为主体,隋唐文化首先体现出来的是一种无所畏惧、积极进取、兼容并包的宏大气派。例如,唐太宗与以魏徵为首的儒生官僚集团,不仅在政治上实行"开明专制",还积极鼓励文艺创作道路的多样性,在意识形态上奉行三教并行政策,不推行文化偏执主义。唐朝对待文化人也较为宽容,学派之间可以自由争论,诗人作诗也少有忌讳。正如后人洪迈在《容斋随笔》中所赞誉的,"诗人反复极言,上之人亦不以为罪,今之诗人则绝不敢如此。"

唐代文化的宏大气魄还体现在以博大的胸怀广为吸纳异域文化上。都城长安作为世界性大都市,成为中外文化交汇的中心。隋唐时期,中国与尼泊尔、印度、巴基斯坦、印度尼西亚、缅甸、斯里兰卡以及中亚、西亚等国都有着广泛的文化交流。南亚的佛学、医学、历法、语言学，中亚的音乐、舞蹈，西亚和西方世界的祆教（波斯人琐罗亚斯德所创）、摩尼教（波斯人摩尼所创）、景教（基督教的聂斯脱利派）、伊斯兰教等为代表的宗教以及医术、建筑艺术、马球运动等，犹如八面来风，一齐拥入唐朝。

隋唐文化吸收外来文化的博大胸怀为世人所赞叹，英国学者威尔斯在《世界简史》中比较欧洲中世纪与中国盛唐时期的差异时指出："当西方人的心灵还在为神学所痴迷而处于蒙昧黑暗之中时，中国人的思想却是开放的，兼收并蓄而好探求的。"

（三）灿烂辉煌的文化成就

隋唐时期，社会政治、经济和科技的空前发展为文化繁荣提供了沃土。加之外域文化精华的不断注入，成就了隋唐文化的丰硕成果。

诗歌取得了最辉煌的成就，成为我国古典诗歌发展的极致。唐朝是一个全民诗情迸发的国度，全民总动员，社会各阶层诗歌创作热情高涨，出现了"行人南北尽歌谣"，"人来人去唱歌行"的社会风气。文人创作的诗篇也通俗易懂，传诵于市井。

唐朝是我国古典诗歌创作的巅峰时期，仅清代所编的《全唐诗》中就收入诗作48900余首，诗人2300余位。正如闻一多所言："一般人爱说唐诗，我却要讲'诗唐'，诗唐者，诗的唐朝也。"

在众多的天才诗人中，既有李白、杜甫、王维、白居易、李贺、李商隐、杜牧等诗歌巨匠，又有杨师道、王勃、杨炯、骆宾王等神童诗人，还有上官昭、李季兰、薛涛、鱼玄机等才思超群的女诗人。中国古典诗歌"无体不备，无体不善"，流派众多，风格迥异，均达到炉火纯青的地步，成为后世效仿的典范。

隋唐时期的史学也盛况空前，成就非凡。在唐代官修史书制度得以确立，设有专门的史馆，史书编撰工作取得显著的成绩，二十四史中有八部都是在该时期完成的。史学著作中有了新的创作——《史通》是我国第一部史学评论著作，奠定了我国古代史学理论的基础。《通典》创立了一种新的史体——政书体，开创了我国政治、经济、礼乐、刑法等典章制度分类专史的先例，推动了中国史学的发展。

中国书法在唐代也达到了一个高峰。该时期的篆、草、行、楷都在前人的基础上创造出新的风格，以楷书的成就最为突出，欧（欧阳询）、虞（虞世南）、颜（颜真卿）、柳（柳公权）四大家将唐楷推至登峰造极的地步，其中，颜真卿和柳公权被称为中国书法史上的一代宗师。

另外，唐朝的绘画也达到了很高的水平。初唐的阎文本是著名的人物写实画家，盛唐的吴道子被誉为"百代画圣"。唐代绘画全面发展，山水画、花鸟画成为独立画科，与人物画争芳斗艳。唐朝的雕塑艺术被广泛应用于石窟、寺观、宫廷、陵墓的雕像以及陶瓷、玉石等工艺品中，均达到前所未有的高度。

在唐代以韩愈、柳宗元为核心开展的古文运动，创造出一种适合于反映现实、表达思想的文体，并迅速流传。唐代的传奇小说、乐舞等都有丰硕的成果。苏东坡曾对隋唐文化的繁荣给予高度评价："君子之于学，百工之于技，自三代历汉至唐而备矣！故诗至于杜子美，文至于韩退之，书至于颜鲁公，画至于吴道子，而古今之变，天下之能事毕矣。"

二、两宋——雅俗文化共生

宋朝分北、南两宋。公元960年，北宋王朝建立。1126年，金人攻破汴京，从此开始了对北方100多年的统治，同时还爆发了"靖康之难"事件。宋室南迁，中国文化重心也随之南迁。从此，南方平湖秋月的清雅山水代替了北方的平塞瀚海，南方含蓄委婉的内秀人物品评审美代替了北方粗犷豪迈的征服性人物审美，这些都推动了宋代文化向内省、精致的方向发展。该时期的各种文化要素，无论是哲学、文学、艺术还是社会风俗，都在不同程度上浸润着宋文化的独特风貌。

（一）理学的兴起

理学的兴起，是宋代文化中最重要的标志。魏晋隋唐以来，儒、道、佛三教既相互排斥，又相互吸引、相互融合，到了宋代则演变为新的思想结晶——理学。换句话说，理学是在儒学基础上批判地吸纳了道教、佛教的思想而建立的新儒学思想体系，是儒、道、佛三教融合的产物。宋代理学的代表人物有二程（程颢、程颐）和朱熹。

理学是中国历史上重大的新理论建构，在学术主旨和学风上有显著变化。理学家们改变了汉唐以来附注训诂的烦琐学风，注重义理，不拘泥于古训。正如黄震所言，"自本朝讲明理学，脱出古训。"理学把纲常伦理看作万事万物之所以如此的"天理"，强调人们对"天理"的自觉意识。理学的基本性质和要义，就是为封建伦理纲常寻找本体论基础。

理学认为，宇宙本体为道德修养的最高境界和原则，主张积极入世并在现实中达到崇高的道德境界。理学大师朱熹改造了秦汉儒家编纂的《大学》，强调了"修身"方式。"古之欲明明德于天下者，先治其国；欲治其国者，先齐其家；欲齐其家者，先修其身；欲修其身者，先正其心；欲正其心者，先诚其意；欲诚其意者，先致其知，致知在格物。"这样，从"格物"到"致知"，理学便将外在的伦理规范内化为一种主观要求。理学的兴起使儒学重新获得独尊地位，成为中国封建社会后期最精致、最完备的理论体系，对后世影响甚大。

理学强调通过道德自觉达到理想人格，强化了中华民族注重气节和德操以及注重社会责任与历史使命的文化性格。例如，张载"为天地立心，为生民立命，为往圣继绝学，为万世开太平"的庄严宣告，顾炎武的"天下兴亡，匹夫有责"的慷慨陈词，文天祥的"人生自古谁无死，留取丹心照汗青"的铿锵誓言等，都渗透着理学的精神价值和道德理想。

与此同时，还要认识到理学中被系统化、绝对化和永恒化了的"三纲五常"，成为维系和巩固封建社会后期等级尊卑秩序，强化封建专制主义的精神支柱。例如，朱熹认为，"三纲五常终变不得，君臣依旧是君臣，父子依旧是父子。"理学中"存天理，灭人欲"的说教将"天理"与"人欲"完全对立起来，以及片面强调重义轻利的观念都具有消极的影响。

（二）雅俗文化共生

与社会政治、经济格局变迁相呼应，两宋文化在类型和样式上浸润着该时代独有的文化风貌——雅俗文化共生。雅文化是细腻、精致的士大夫文化，与理学着意于知性反省、造微于心性的趋向相一致；俗文化是勃兴、热烈的市井文化，与繁荣发展的商业经济、熙熙攘攘的城市生活情调相适应。

1. 以宋词为代表的雅文化

士大夫文化的细腻与精致，通过宋词得到了很好的体现。两宋时期词发展高度繁荣，词是该时期文学的标志。词起源于市井歌谣，后经文人发展而趋于雅化。宋词最初继承晚唐五代婉约绮丽的词风，适宜描写深刻、细腻的思想和感情，因此，传世的宋词大都典雅委婉、清新秀丽。

宋词侧重音律和语言的契合，语言小巧精细，造境摇曳空灵，极为细腻、精致。柳永的"杨柳岸，晓风残月""衣带渐宽终不悔，为伊消得人憔悴"，秦观的"漠漠轻寒上小楼，晓阴无赖似穷秋。淡烟流水画屏幽。自在飞花轻似梦，无边丝雨细如愁。宝帘闲挂小银钩"，境界虽小而狭，但形象精致，含义微妙，此种细腻、精美是宋词的总体风格。与如此"婉约"词风相对应的，便是苏轼开创的、以辛弃疾为代表的"豪放"词风，但该类词数量较少，词坛的主流风格始终是婉约、柔美。

宋词雅，宋画也雅。到宋代，士大夫以自觉的群体意识投入到绘画中，把绘画纳入文人生活圈，便产生了"文人画"的观念和理论。"文人画"强调诗、书、画一体，偏爱画竹、画梅、画菊，以喻示士大夫的高风亮节，抛弃了绘画中"形似"手法，高度强调神韵。苏轼在《跋宋汉杰画山》一文中提出"士人画"的观念，强调融诗歌、书法于绘画之中，以绘画来表现文人意趣。

另外，两宋的瓷器、服饰也以朴澹、清秀为雅。

2. 市井文化的勃兴

宋词、宋画等以及理学共同构筑成一个精致辽阔的上层文化世界，而与上层雅文化并进的还有市井文化的崛起。市井文化是在熙熙攘攘的商市生活，以及人头攒动的瓦舍勾栏中成长起来的野俗而生动的市民文化。

两宋市民阶层的崛起，以中晚唐以来的都市经济发展为基础。著名的《清明上河图》便从一个侧面，反映了当时繁盛的都市生活。作者张择端在5米多长的巨幅风俗画卷上，展现了清明时节首都汴京东南城内外的热闹情景，反映了都市形形色色、各行各业人物的劳动和生活景象，真实地记录了当时的社会生活。在快节奏的都市生活中，市民们无意于追求典雅的意境、浓郁迷离的诗情，而是满足于情调热烈的感官享受艺术样式。因此，市民文化从诞生之日起，便显示出野俗的活力与广阔的普及性。

为了满足崛起的市民阶层娱乐的需求，一些新的文化样式应运而生。在一些繁华的大都市，出现了固定的游艺场所"瓦舍"，瓦舍中又划有多个供表演的圈子，称"勾栏"。瓦舍勾栏中士庶咸集，热闹非凡，上演形式多样的文艺节目——杂剧、杂技、说书、皮影、舞旋、花鼓、舞剑等。风格各异的市民文化跻身于大的文化系统之中，成为一种不可忽视的社会现象。

（三）发达的教育和科技

中国文化在宋代趋向精致、成熟，古代教育和科技在宋代亦发展到极盛。

两宋时期发达的教育主要有两个特点：其一，在学校教育制度上等级身份差别逐渐缩小。在国子学、太学、四门学、宗学等教育系统中，太学、四门学皆收庶人子弟，这有利于低级官僚子弟乃至寒门子弟脱颖而出。其二，重视地方学校的发展。北宋末期，地方州县皆有学校，故称"学校之设遍天下"。

发达的教育使宋代人才辈出，整个社会的文化素养大为提高。明人徐有贞指出："宋有天下三百载，视汉唐疆域之广不及，而人才之盛过之。"

发达的教育为宋代文化的繁荣发展提供了基础和条件。

中国古代科技发展在宋代达到鼎盛。中国四大发明中的火药、印刷术和指南针是宋代科技最辉煌的成就，被马克思称为预告资产阶级到来的三大发明。百科全书式的人物沈括"于天文、方志、律历、音乐、医药、卜算无所不通，皆有所论著"，且创见迭出，他的《梦溪笔谈》对古代科学技术经验进行了总结，是一部卓越的百科全书。

北宋的苏颂在天文学领域，贾宪、秦九韶在数学领域都做出了具有世界领先水平的贡献。另外，在地理学、地质学、农学、医药学、冶金术、造船术、纺织术、制瓷术等方面也有令世人瞩目的成就。

在此前后的任何一个朝代，无论是科学理论研究，还是技术的推广应用，比起宋代都大为逊色。陈寅恪为《宋史职官志考记》一书作序时，对宋代文化在中国文化史上的地位作了极高的评价："华夏民族之文化，历数千载之演进，造极于赵宋之世。"

三、辽夏金元——文化的冲突与融合

自宋朝建立之始，就被外患所困扰。唐太宗李世民以"天可汗"的尊称威慑周边民族，长期与辽、西夏、金等游牧民族政权相对峙。直到元朝建立后，大河上下、长江南北才在中国历史上第一次统一于一个草原游牧民族之手。该时期的中国文化，在跌宕起伏的大变动中经受了血与火的锻铸，拥有了包容万千的生命活力。

（一）游牧文化与农耕文化的交融

辽、西夏、金和元分别是以契丹族、党项族、女真族、蒙古族为主建立的政权。契丹、党项、羌、女真以及后来的蒙古族势力对宋朝的长期包围与轮番撞击，使宋朝产生了双重文化效应。游牧民族所产生的游牧文化与汉族农耕文化在撞击和交融过程中各自都发生了变化。

一方面，两宋在辽、西夏、金以及后来蒙古族势力的进攻包围下，北宋人因被动挨打而生的忧患，南宋人因国破家亡而生的悲愤，都渗透于宋文化的各个层面，在主流文化的精致细腻中增添了慷慨悲壮之气。李清照、陆游、辛弃疾、岳飞等优秀词人的沉郁忧患之作与悲愤之唱，范仲淹的"先天下之忧而忧，后天下之乐而乐"以及王安石所推行的变法，都是这种文化大背景下孕育的产物。

另一方面，契丹、党项、羌和女真等游牧民族也从汉文化中吸取了丰富的营养，发展了本民族的文化。辽朝仿中原汉族设置官制，并任用了许多汉族地主阶级知识分子。儒家思想也受到朝野上下的尊崇。《贞观政要》《史记》《汉书》等著作被译成了契丹文字，广为流行。辽朝君主"雅好词翰，咸通音律，文学之臣皆淹风雅"。贾岛的诗成了儿童学习的启蒙读物，苏轼的诗更为辽人熟悉和喜爱。在西夏，《孝经》《论语》《孟子》皆有本族文字译本，而西夏政权的官制、兵制和官民的服饰以及礼乐也都仿效北宋模式。西夏在宋仁宗年间，已开始任用中土贤才，读中土书籍，用中土车马，行中土法令了。儒学被西夏人奉为正宗道统，除学习经书外还学习《老子》《荀子》等诸子典籍。

在金国，儒学被推崇为正宗道统，中原的典章制度也被金朝推行，其考试办法也依照汉唐的考试制度。建立于幽燕故地的金中都，完全以汴京城为模型。金人对汉文化的吸取和整合，使中国北部成为一个"人物文章之盛，独能颉颃宋、元之间"的文化天地。

蒙古族以游牧民族气质入主中原，统一中国，但终归被源远流长、博大精深的汉文化所同化。在汉族儒生士大夫的影响下，元世祖忽必烈采取了一系列举措修改漠北旧俗，使整个统治体制"遵用汉法"，宣扬程、朱理学，并对之后的明清文化格局产生了重要影响。

（二）对外开放与中外文化的交汇

元朝时期，中国是当时世界上最强大最富庶的国家之一，疆域"北逾阴山，西极流沙，东尽辽左，南越海表"，声誉远及于欧、亚、非三洲。元帝国水、陆交通非常发达。当时水路用的船舶，从设备、运载量到航行技术都是最先进的。陆路方面，建立了完善的驿站系统，从元大都和其他城市到中亚、波斯、黑海和黑海之北的钦察草原以及俄罗斯和小亚细亚各地，都有驿道相通。古老的"丝绸之路"也重新繁忙起来，成为通往西方的重要通道。

发达、便利的交通，促进了中外政治、经济、文化的交流。西方各国的使节、商人、旅行家和传教士往来中国络绎不绝。公元1275年至1291年，威尼斯旅行家马可·波罗遍游中国各大城市，并在元朝做官。他回国后口述了《马可·波罗游记》，向西方人介绍了中国的繁荣与富庶，激起了西方人对中国文明的向往。之后，达·伽马、哥伦布、麦哲伦等远渡重洋，开辟新航道来追寻中国文明。

元朝对外部世界的开放，使异邦的先进科技流入中国科技界。波斯、阿拉伯的天文历法、医药、数学，尼泊尔的建筑艺术等传入中国。例如，天文学家郭守敬，充分吸取阿拉伯天文学成果，制定了中国历史上使用时间最长的《授时历》，该历以365.2425天为一年，与地球绕太阳公转一周的时间只差26秒，与国际通行的公历完全相同。

同时，由于蒙古人的西征等原因，中国文化向西方传播的速度也大大加快。中国四大发明之一的火药，传入阿拉伯，再传入欧洲。中国的印刷术、历法、数学、瓷器、茶叶、丝绸、绘画等通过多种途径，在俄罗斯、阿拉伯和欧洲各国广为传播。

国内民族联系的增多，中外文化关系的增进发展，使少数民族的成员、外来侨民及其后裔都有机会展示才华，从而为丰富中国的文化也做出了贡献。因此世界文化的总体面貌更为辉煌灿烂。

（三）元杂剧的崛起与兴盛

杂剧是元朝文学的代表。元杂剧是在宋、金以来民间讲唱文学的基础上，综合了宋词的成就，发展了金代诸宫调，并融合讲唱、舞蹈、表演等多种艺术形式而成的一种新的戏剧。元杂剧最初盛行于北方，后来流行于南方。元杂剧的崛起与兴盛，既是我国历史上各种表演艺术发展的结果，也是时代的产物。

元朝民族矛盾、阶级矛盾尖锐，人民反抗民族压迫和阶级斗争的压迫，需要具有战斗性和群众性强的文艺形式加以表现，而元杂剧恰恰适应了这一需求，故应运而生。此时，受科举制度的冲击，文人群体也发生了变化，只有少数文人依附元统治者成为官僚，大多数文人和广大人民一样受到残酷的迫害，部分文人与民间艺人组成书会，投身于元杂剧的创作。此外，元代城市经济的快速发展，南北各大城市的勾栏瓦肆繁盛，为杂剧的兴盛提供了充裕的物质条件。

元代出现了大批优秀的剧作家和剧本，当时知名的杂剧作家达79人。关汉卿是元杂剧中最杰出的代表，他毕生写过很多种剧本，保存下来的有18本。《窦娥冤》《鲁斋郎》《拜月亭》《单刀会》等都是人们喜闻乐见的作品。著名的元杂剧作家还有马致远、王实甫、白朴、纪君祥等人，马致远的《汉宫秋》、王实甫的《西厢记》和纪君祥的《赵氏孤儿》都是数百年来脍炙人口的名著。

第四节　明清：中国文化的继往与开来

自1368年朱元璋建立明朝，到1840年鸦片战争前的清朝，这一时期是中国封建社会的末期，明清之际的思想家黄宗羲，将该时期称为"天崩地解"的时代。从文化形态上来看，该时期不仅是宣告了封建文化的没落，同时又是寻找和建构新的思想文化体系的开始。

一、封建文化没落

明清两代，是中国封建社会的晚期，该时期，民族矛盾、阶级矛盾十分激烈，社会结构、社会分工也发生了重大变化，文化专制也空前严酷地钳制着思想文化界。其突出表现是文字狱盛行，造成文化界一片沉寂、万马齐喑的局面。

明清统治者一方面大肆制造文字狱，另一方面则推崇程朱理学，作为巩固统治的工具。明洪武三年（1370年）设科举，规定以八股文取士，考试专以四书五经命题，且以朱熹的注为依据。因此，明初学术界，程朱理学一统天下，并被推上至尊地位。清政府将程朱理学推至能支配人们思想意识形态的地位。康熙极力标榜程朱理学，他编写了《性理精义》，笼络了一批程朱派的学者，给他们封官晋级，称为理学名臣。

乾隆年间，清高宗借编纂《四库全书》的机会，全力铲除危及封建统治思想基础的"异端"学说。《四库全书总目提要》的《凡例》便开宗明义地宣布："离经叛道、颠倒是非者，掊击必严；怀诈挟私，荧惑视听者，屏斥必力。"乾隆帝还一手操纵了长达19年的禁书活动，共禁毁书籍3100多种、15万多部，销毁书版8万块以上。在"令禁亦严"的强大威慑力下，文人士大夫噤若寒蝉。中国文化遭遇了秦始皇焚书以来的又一次巨大浩劫。

二、早期启蒙思潮

明清两代，虽然文化专制主义空前强化，程朱理学在思想文化中占统治地位，但与资本主义萌芽相适应，使思想界也悄然兴起了一股启蒙思潮。例如，王阳明曾以"狂者"自居，他的"致良知"之说，体现了反对传统烦琐哲学的精神，同时又孕育着异端思想的胚芽。"致良知"之说，虽带有主观唯心主义色彩，但强调人的主观能动性，否定了用外在规范禁锢"心""欲"的必要性。王阳明的"致良知"学说，对人的主体性进行了高扬，对正宗统治思想进行了有力的反叛，成为明朝晚期人文思潮的哲学基础。

明清之际的一批思想家，从不同侧面与封建社会晚期的正宗文化——程朱理学展开了论战，其中的三大思想家——黄宗羲、顾炎武和王夫之反对空谈，将"经世"思潮推向了鼎盛。经世思潮的特征主要表现为：一是对封建专制主义的强烈抗争。例如，黄宗羲提出了"天子所是未必是，天子所非未必非"的观点。二是彻底清算空谈误国的恶劣学风,对程朱理学展开了全面的批判。三是经世致用的主旨是学问须有益于国事。例如,顾炎武"国家兴亡,匹夫有责"的思想,激励了一代又一代的知识分子。明清时期的启蒙思想家们,虽然对封建专制制度进行了猛烈的批判,但由于历史的局限以及当时中国资本主义还处于萌芽状态,所以还没能提出新的社会改革方案。

明清时期的市民文学,作为城市经济发展和资本主义萌芽发生的社会现实反映,深刻地揭露了封建制度的弊端,揭示了封建社会必然走向崩溃的历史命运。比较有代表性的市民文学作品有:长篇小说《金瓶梅》,短篇小说集"三言""二拍"等,清代的《儒林外史》《红楼梦》等作品,将古典现实主义文学推向了高峰。

总之,早期启蒙思想的萌芽,不仅是对封建制度的批判,实际上也是宣告了封建文化的没落,昭示了中国传统文化由中古形态向近代形态转型的开始。

三、集大成文化

明清时期,中国传统文化发展到了高度成熟期。随着儒学走向衰败,以及西方近代思想文化的传入,使思想家、科学家们对西学产生了浓厚兴趣。他们不仅对中国传统文化、科学技术进行了理性反思,而且在自然科学领域也取得了斐然成绩。随着民族交往与融合的进一步加深,出现了大规模的民族文化交流,中国传统文化更加色彩斑斓,迅速发展。因此,中国传统文化发展进入了大规模的全面的总结期。

在图书典籍方面,明清统治者花费了巨大的人力、物力,对几千年浩如烟海的典籍进行收集、钩沉、考证和编纂。编纂的大型类书《永乐大典》被公认为是世界上最早、最大的一部百科全书;大型字典《康熙字典》,是世界上最早的、字数最多的字典;大型丛书《四库全书》是至今为止世界上页数最多的丛书。

在史学方面，也有很大的发展。除了官修的《明实录》《清实录》《元史》《明史》等，还有杂史、笔记、地方志、学术史等也都颇有成就。

明清时期，杰出的科学家们创作了一批有关医学、水利、农业、天算等的科学巨著。例如，李时珍的《本草纲目》在植物学分类和药物学方面达到当时世界先进水平；徐光启的《农政全书》收录了历代的农业科学技术资料，记载了当时的农业种植技术，还介绍了欧洲农田水利技术，是中国古代最完备的一部农业著作；宋应星的《天工开物》收录了包括纺织、染色、制盐、榨油、造纸、烧瓷、采煤、冶铜、炼铁和制造军火等的手工业生产技术，是一部享誉海内外的工艺学百科全书。日本将此书视为至宝，并由《天工开物》发展出一门"天工学"。在建筑艺术方面，建造了一大批气势宏伟、精致雅美、规模宏大的标志着明清卓越建筑艺术水平的杰作，例如，北京故宫、圆明园、热河行宫和长城等。此外，徐宏祖的《徐霞客游记》、方以智的《物理小识》、梅文鼎的《古今历法通考》等，在科学成就上都达到了封建社会晚期的高峰。

在文学方面，最辉煌的是小说和戏剧：产生了《水浒传》《三国演义》《西游记》和《红楼梦》四大古典名著；昆曲、秦腔以及由徽调改造的京剧都很流行；汤显祖的《牡丹亭》、孔尚任的《桃花扇》等，都是脍炙人口的传世之作。

在学术文化方面，清朝乾嘉时期，学者们对古代文献展开了空前规模的整理和考辨，考据学成为该时期学术的主流，形成了注重考据的学派——乾嘉学派。考据学派的出现，为中国传统学术文化的传承以及向前推进奠定了基础。

四、文化的蜕变与新生

明清时期，是整个世界格局发生重大转变的时期。与中国封闭、保守形成鲜明对照的，是西方新兴资本主义的蓬勃发展。随着封建生产方式的日趋没落，明清统治集团也愈来愈故步自封，他们对内实行文化专制，对外实行闭关锁国，排斥外来文化。中国传统文化面临着空前的危机，并且将进入一个蜕变与新生并存的新的历史阶段。

明末清初，利玛窦、汤若望等欧洲耶稣会士来到中国，带来欧洲宗教神学的同时，也带来了近代的世界观念以及西方文艺复兴时期的自然科技成就，打开了部分中国人士的眼界。在利玛窦的影响下，来华的传教士多习西方自然科学知识，在传教之余翻译和撰写了大量西学书籍。

西学的输入，开阔了中国人的眼界，促进了中国科学技术的发展，涌现了一批卓有成就的自然科学家，在文史哲领域也出现了一批会通古今、学贯中西的著名学者，方以智、唐甄、戴震便是其中的代表人物。例如，方以智精通中西科学，他在《物理小识》中用自然科学原理阐明哲学观点，提出"质测（自然科学）即藏通几（哲学）"，即自然科学中也含有哲学，哲学不能离开自然科学。他还指出西方的自然科学知识不尽完备，吸取时要加以鉴别。方以智认为，世界上"一切物皆气所为也，空皆气所实也"。在认识上强调"舍物则理亦无所得矣"，还指出事物都是"合二而一"的，从而推进了中国古代朴素辩证法的发展。

由于资本主义的萌芽，具有反封建意识的启蒙思潮也开始出现。以黄宗羲、顾炎武、王夫之等为代表的一批思想家，对封建专制主义和愚昧主义进行了尖锐的批判：批判宋明理学，注重经世致用；反对传统的"重农抑商"，主张大力发展工商业；抨击科举制度，主张创办学校，吸收自然科学的成果。他们想把中国传统文化与外来文化加以"汇通"，有一种"超胜"西学的民族自信心。

第四章　中国传统文化的基本精神

中国传统文化基本精神是指导和推动中华文化不断前进的基本思想和基本观念，是中华民族文化现象中最精微的内在动力和思想基础，也是中国近现代优秀文化中活的灵魂。中国传统文化基本精神具有广泛的影响，为大多数中华民族同胞所接受和认同，并成为他们基本的人生信念和自觉的价值追求。中国传统文化基本精神具有维系中华民族生存和发展，促进中国社会进步的积极作用。与异文化相比，中国传统文化精神闪烁着独特的人文主义思想光辉。中国传统文化的基本精神作为中华民族精神的具体表现，是中华民族特定的价值取向、思维方式、社会心理以及审美情趣等内在特质的基本风貌。中国传统文化基本精神的内容，主要包括天人合一与以人为本，刚健有为与自强不息，厚德载物与中庸尚和。中国传统文化基本精神具有维系民族团结、国家统一的凝聚功能，培养中华民族健康人格、推动社会进步的精神激励功能，整合不同价值、开拓创新的功能。

民族文化的基本精神，是该民族能够存在和发展的思想基础。中国传统文化之所以具有如此顽强的生命力和强大的辐射力，并能够影响和激励后世子孙，其根本原因就在于中国传统文化的基本精神至优至强。中国传统文化的基本精神是中华民族的精神支柱，对中华民族的成长壮大和中国社会的发展，起着极其重要的推动作用。

第一节　中国传统文化基本精神解读

从文化的基本精神入手，有助于科学地把握博大精深、源远流长的中国传统文化的整体和全貌。对中国传统文化基本精神的解读，要从其内涵、特点以及它与中华民族精神、文化传统的关系等角度，进行全方位的把握。

一、中国传统文化基本精神的内涵

（一）文化精神

在中国古代文献中，"精"是精妙、精粹、精华、精微的意思；"神"的主要含义是指玄妙、微妙、奇妙的变化。"精神"，指天地万物的精气、活力，事物运动发展的精微的内在动力。

文化精神是指为本民族大多数成员所认同，贯穿于民族历史全过程的，引导和推动民族文化不断向前发展的基本思想和基本观念。

文化精神是相对于文化的具体表现而言的，也具有广泛性、普遍性的精神。文化的具体表现，包括思想意识、社会制度、习惯、器物等层面，且无不和内在的文化精神相联系。

（二）文化精神与文化的关系

文化精神是在文化中起主导作用，处于核心地位的基本思想和观念，是被民族成员熟悉的，而不是莫测高深的玄思妙想。

文化精神作为文化发展的内在动力和思想基础，它本身也是文化发展的产物。文化精神，随着文化的发展演变而发展变化，不断丰富自己的思想内涵。

（三）中国传统文化的基本精神

中国传统文化的基本精神是指中国传统文化中的一些思想观念或固有

传统，它们长期受到尊崇，成为指导人们行动的最好原则，同时也成为推动社会历史发展的思想源泉。也可以说，中国传统文化的基本精神体现中华民族蓬勃向上的思想精神，代表中国文化发展的正确方向，是民族延续发展的精神动力，或者说是中华民族生存发展的精神支柱。

中国传统文化基本精神是凝聚在文化现象中，并通过文化现象体现出来的思想基础，指导和推动中国文化不断前进的思想源泉。中国传统文化是历史上积淀下来的有稳定形态的中国文化，包括价值取向、思想观念、思维方式、宗教信仰、道德情操、文学艺术、礼仪制度、风俗习惯、科学技术等不同层面的丰富内容。由于中国传统文化的博大精深和丰富多彩，中国传统文化基本精神的思想也不是单纯的，而是一个包含着诸多要素的思想体系。

二、中国传统文化精神的特点

作为中国传统文化基本精神的思想观念和文化传统，具有以下特点：

特点一，具有广泛的影响。为大多数中华民族同胞所接受和认同，成为他们基本的人生信念和自觉的价值追求。

特点二，具有维系中华民族生存和发展，促进中国社会进步的积极作用。

必须具有以上两个方面的特点，才可以称为民族文化的基本精神。这是中国传统文化基本精神和其他文化精神共有的特点。

特点三，与异文化相比，中国传统文化精神闪烁着独特的人文主义思想光辉。

与西方的人文主义相比，中国传统文化精神的人文主义又有很大的不同。西方的人文主义认为，每个人都是他自己内在因素的创造物，是自己命运的主宰，是具有理智、情感和意志的独立个体。中国传统文化的人文主义认为，人是具有群体生存需要、有伦理道德、自觉互动的社会成员，每个个体都是他所属关系的派生物，其命运跟群体息息相关。也就是说，中国传统文化把人看成是群体的一分子,是集体中的一个角色而不是个体。

由以上可知,西方文化的人文主义所强调的是自由、平等、权利,中国文化的人文主义所强调的是和谐、义务、贡献,这正是我们论述中国传统文化基本精神的出发点。

三、中国传统文化精神和中华民族精神的关系

文化精神与民族精神具有相通性。在解读中国传统文化精神时,必须明确它与中华民族精神的关系。

所谓民族精神,就是民族文化心理结构中长期积淀而形成的整体国民性格,是民族文化传统的相互凝聚和整合。有学者这样论述,在一个民族的精神发展中,有一些思想观念受到人们的尊崇,并成为生活行动的最高指导原则。这些最高指导原则是多数人所信奉的,能够激励人心,在民族的精神发展中起着主导作用。这可以称为民族文化的主导思想,亦可简称为民族精神。民族精神必须具备两个条件,一是有比较广泛的影响,二是能激励人们前进,有促进社会发展的作用。因此,广义地讲,民族精神就是指导民族延续发展、不断前进的精粹思想,是民族文化的主导思想。就其性质而言,民族精神是一种伟大、卓越的精神;就其表现形式而言,民族精神是民族文化的优秀传统。从本质上讲,传统文化精神就是民族精神。

由以上可知,中华民族精神就是中华传统文化思想观念精华的总结与提升。中国传统文化的基本精神,就是中华民族的民族精神,是中华民族特定的价值取向、思维方式、社会心理以及审美情趣等内在特质的基本风貌。

四、中国传统文化精神与文化传统的关系

中国传统文化精神属于观念形态的范畴,凝聚于文化传统之中。所谓传统,是历史上形成的,具有稳定的组织结构和思想要素的,并且至今仍

影响着人们的价值观念、思维方式、道德风尚和审美情趣等深层文化的社会心理和行为习惯。

传统的两个基本特征是历史的沿传性和现实的影响性。也就是说，传统是历史和现实的结合体，是历史对现实影响的集中表现。传统并不是一成不变的，而是随着历史的发展而不断完善、更新的。

而所谓文化传统，就是受特定文化类型的价值取向影响，经过长期历史积淀而逐渐形成的，为该民族大多数人所接受和认同的，在思想和行为上难以改变的心理和行为习惯。

"传统"和"文化传统"两个概念是中性词，属于事实判断的范畴，本无所谓褒贬；但是，当两个概念与民族文化的"基本精神""民族精神"相联系时，在价值取向上就与"优秀""进步"密不可分。因为只有优秀的文化传统，才能成为民族文化发展进步的内在动力。

因此，作为中国文化基本精神的具体表现，作为中华民族精神生动反映的那些文化传统，也必然表现为民族文化的优秀传统。

第二节 中国传统文化基本精神的内容

中国传统文化的丰富多彩，决定了中国传统文化基本精神是包含了诸多要素的思想体系。中国传统文化基本精神的内容，主要包括天人合一与以人为本，刚健有为与自强不息，厚德载物与中庸尚和。

一、天人合一与以人为本

（一）人与自然和谐共生

在人与自然的关系问题上，中西文化存在很大的差异。中国文化重视人与自然的和谐统一，即"天人合一"；西方文化则推崇人通过征服自然、改造自然，求得人的生存和发展。中国的先哲们认为，自然发展与人类发展是互相影响的，人应根据自然变化来调整、规范自己的言行，这样就可以达到天人和谐统一的境界。

古代中国各学派从不同角度探讨过"天人"关系，即所谓的人与自然的关系。因为中国文化是农耕文化，所以古代物质文化、制度文化和精神文化的创造都离不开农耕的物质基础。

以农耕为主要生计方式，需要研究人与自然的关系，中国很早就有了天文历算。延伸到社会生活中，就有了对"天时""地利""人和"的相辅相成关系的探讨，由此引发了中国文化对"天人之学"持之以恒的艰苦探索。

中国传统文化的"天人合一"精神源远流长。新石器时期，人们的生存、发展主要依赖于外界的自然环境，两者之间有着密切的关系。该时期的原始氏族体制下的经济政治结构和血缘宗法制度，使氏族、部落内部维持着自然和谐的关系。以上两方面是产生"天人合一"（人与自然，个体对群体的顺从、适应的协调关系）观念的现实基础。例如，河南半坡仰韶文化遗址出土的太阳人面图像，说明当时的人们已经把人和太阳等不同的事物联系起来思考，可看作天人合一思想的萌芽。

"天人合一"精神成熟于先秦。在古典文献五经中，具体地记载了古代人们对人与自然关系的认识。例如，《诗经》中的天人观念是相当丰富的。其中的比、兴手法，将自然物、自然现象和人类社会生活相联系，用情感拥抱自然，使自然人性化了。该时期，理性主义兴起，宗教信仰衰颓。"天人合一"打上了时代的烙印，去掉了原有的神秘、迷狂等非理性内容，强调了"人"与"天"相认同、一致、协调。

春秋到西汉初期，人们开始挣脱血缘氏族的原始礼教，去认真探索自然和人类社会，并认识到人类在自然界中的独立存在。在《淮南子》中，人与自然的关系被强化了，表现在把人体的部位和宇宙天象一一对应地比照。如下：

头之圆也象天，足之方也象地。天有四时、五行、九解、三百六十六日，人亦有四肢、五脏、九窍、三百六十六节。天有风雨寒暑，人亦有取与喜怒。故胆为云，肺为气，肝为风，肾为雨，脾为雷，以与天地相参也，而心为之主。

西汉初年之后，以董仲舒的《春秋繁露》为代表，构建了一个从自然到人类，从人类社会组织到人体构造，从人的有形之躯到无形思想观念的"天人感应"思想体系。该思想体系的特征，是具有反馈功能的天人相通"感应"的有机整体的宇宙图式。人只有顺应"既认识又遵循"这个图式，才能获得自由，使个体和社会得以生存和发展。该时期的"天人合一"重视国家和个体在外在活动行为中与自然、社会相适应和协调。魏晋玄学时期的"天人合一"精神，提高到道德本体上来，追求更高的境界。由以上可知，"天人合一"是古代思想文化精神的一个重要组成部分，在古代社会生活中发挥着重要作用。

从传统思想与古代中国国家机构运行及政治、道德实践的关系来看，天人合一具有世界观和方法论的意义。天是万物的起源，生出万物，包括人类社会。天地万物像人类社会一样运转着，自然发展变化体现、制约着人类社会的发展变化。日月正常运行时，说明人世间一切正常——君明，臣贤，百姓勤耕和睦；而当人事出了问题——君昏，臣奸，百姓反对，日月也会用反常予以警告。即所谓的，人之善将得到天之更大的善，人之恶将得到天之更大的恶。基于此，天人合一思想成为人们行为的准则。

此外，天人合一思想把人作为宇宙中心，强调人是自然系统中不可缺少的有机部分，主张道德原则与自然规律相一致，追求的人生理想是天人和谐。天人合一精神具有一定的唯物主义色彩，助力人们研究自然，推动了古代中国科学技术的发展。

"天人合一"作为中国主流文化精神的一部分，延续并影响了中国数千年之久，有着丰富的内涵和价值。尽管也存在一定的局限性，但在历史上发挥了积极的作用，至今仍然有不可磨灭的积极意义。

（二）独具特色的以人为本

中国传统文化所具有的"天人合一"精神，是以"人本主义"追求为前提的。"以人为本"的人文精神贯穿于中国传统文化之中，把人作为核心来探讨人与自然的关系，还表现为追求和谐社会的理想主义倾向。

中国传统文化的"人本主义"精神独具特色，既不同于古代西方文化"以神为本"的精神追求，也不同于近代西方文化追求自由、民主的"人本主义"精神。中国传统文化话语中的"人本主义"，强调在天地人之间以人为尊，在人与神之间以人为本。中国传统文化的主体内容、价值取向和基本精神的嬗变，是以人生价值目标和意义的阐明及实践为核心的。

中国传统文化的发展始终以"人"为中心和根本，侧重于人与社会、人与人的关系以及个体的心性修养问题，是一种道德伦理本位的人本主义。中国传统文化的"人本主义"精神，具体表现为以下三个层面：

层面一，中国传统的"人本主义"坚持"民为贵"的民本主义精神。《尚书》《左传》《国语》等典籍中有多处显示了以民为本的观念，例如，"重我民""唯民之承""施实德于民""夫民，神之主也。是以圣王先成民而后致力于神""民和而神降之福"等说法。

儒家学说中民为邦本的思想更为集中和突出。孔子历来主张重民、富民、教民，在"民、食、丧、祭"这些世间大事中，将民列为首位。孟子从为政之道出发，强调政治统治一定要得民心、合民意，提出了"民为贵，社稷次之，君为轻"的著名观点，并成为历代统治者维护统治的座右铭。荀子的君舟民水的著名比喻，是历代为政者必修的一课。他认为，"用国者，得百姓之力者富，得百姓之死者强，得百姓之誉者荣。三得者具而天下归之，三得者亡而天下去之。"

不仅儒家主张民为邦本，道、墨、法诸家都有以民为贵的重民思想。在漫长的封建社会中，重民贵民的精神不断得到丰富和强化。汉代的贾谊认为，"闻之于政也，民无不为本也"。唐朝君主李世民深谙民贵君轻之道，认为"君依于国，国依于民"。宋代朱熹认为，"天下之务莫大于恤民"。以上先哲们的重民思想，反映了中国传统文化中民为邦本思想的发展与演进，折射了中国传统人本主义传统的根本所在。在该思想的熏陶下，历代开明的统治者都把重生重德，谋求百姓生活安定，作为基本的统治思想。"民为贵，君为轻"的政治理想，虽然没有否定君主专制，还不是民主思想，只是君主专制的补充，但其进步意义和价值是显而易见的。

层面二，中国传统的"人本主义"重视现世的人伦生活，把宗教和鬼神信仰置于其后。

与西方文化的神本主义精神不同，在中国历史上不仅宗教神学从未占据过主导地位，而且诸如佛教、伊斯兰教、基督教（古代称景教）等外来宗教也被儒家的人文精神所同化。

中国传统文化在人与神之间，坚持以人为本，对鬼神敬而远之。而以儒家为主体的中国古代思想家，将关注的目光投到现世人的生活、生命上，而反对以鬼神为本。儒家思想的创始人孔子认为，"务民之义，敬鬼神而远之，可谓知矣。"弟子问，怎样事鬼神？孔子回答："未能事人，焉能事鬼？"又问人死后的情况，孔子回答："未知生，焉知死？"汉代仲长统在其《昌言》中明确地提出"人事为本，天道为末"的观点，发展了儒家的人本思想，表现出重现世、重人伦、重人事，而敬宗教、远鬼神的整体趋向。

中国传统文化也不是完全无视宗教。《论语》中就有"祭如在，祭神如神在"的说法；荀子在《天论》中认为，"日月食而救之，天旱而雩，卜筮然后决大事，非以为得求也，以文之也，故君子以为文，而百姓以为神。"这就是所谓的"神道设教"，在这里宗教只是政治统治的工具。在我国各民族的民俗文化中，祭祀鬼神的活动很隆重，例如，民间庙会、傩祭傩戏等。在这种祭神的民俗庆典中，也能看到人们重现世、重生活、重人伦的基本生命态度。观傩戏逛庙会是集物质和精神交流于一体的现世节庆，反映了民间的狂欢精神和乐观的现世生活态度。

层面三，中国传统的"人本主义"是具有道德伦理特征的人本关怀。

与西方近代人文主义追求个体权利、自由、民主的人生价值不同，中国传统的"人本主义"更重视个体对于群体的义务责任，目的是维系社会生活正常的运转。相反,"人本主义"不十分重视个体精神的自由与独立,也不十分重视个体自身的权利。

中国传统文化环境下的个体价值,不在于个体物质欲望的满足,也不是个体精神的愉悦,而是从个体与家庭、宗族和国家的关系上来肯定个体心性的完善。也就是说,中国传统文化所认可的是作为"道德主体"的人。

中国传统的人本主义把人放在伦理关系中来定位。每一个个体从诞生便进入了五伦社会关系网络——政治上的君臣关系,社会上的朋友关系,家庭中的父子、夫妇、兄弟关系。该种人与人之间的关系各有其行为规范和道德模式,即君仁臣忠,父慈子孝,夫教妇从,兄友弟恭,朋亲友信。整个文化所关注的是"经夫妇,成孝敬,厚人伦,美教化,移风俗"。而每个个体则在该种人伦关系中寻找自己的位置,履行自己的责任。

中国传统的"人本"是"道德主体的人本"。一方面,个体担负对社会应尽的责任;另一方面,个体又要追求一种主体道德心性的完善。这种完善既是社会的要求,也是个体的自觉。注重个体修养,肯定个体心性完善,是中国传统文化人本主义精神不同于西方的表现。中国传统文化所重视的人,虽然是现世存在的人,但却是处于"伦理"关系中的人,是体现道德原则的人。

二、刚健有为与自强不息

刚健有为与自强不息是中国文化的主导精神。中华文明延续了几千年从未中断过,中华民族延续几千年屡遭异族入侵而不被征服,靠的就是刚健有为与自强不息精神。中华民族唯有不断地自强,才能永远自立。

(一)刚健有为与自强不息精神解说

刚健有为与自强不息不仅是中国传统文化的主导精神,也是中华民族最重要的民族精神。与刚健有为、自强不息的积极进取精神相对,中国传统文化也早就存在主静尚柔、涵虚无为的精神,主要以先秦道家学派和宋明理学为代表,但这不是中国传统文化的主导精神。正是这种刚健有为、自强不息的民族精神,推动了中国社会和中国文化的发展。

刚健有为与自强不息精神,可以追溯到中国古代的《尚书》和《诗经》中,这两部典籍蕴含着勤勉稳健、勇猛深沉的奋进气息。例如,对先王"克明峻德,以亲九族","历象日月星辰,敬授人时"功业的颂扬;《诗经》中的"公刘""生民"篇中,描述了周部族诞生之初的创业艰难和不断壮大等。

《周易》对刚健有为与自强不息精神进行了集中概括,不仅明确提出了"刚健"的观念,而且赞扬了刚健精神。例如,"刚健而文明","刚健,笃实,辉光","刚健中正,纯粹精也"等。同时,也明确了"自强不息"精神,例如,"天行健,君子以自强不息","天地之大德曰生"等。

孔子是刚健有为与自强不息精神的提倡者和实践者。体现在他的生活态度上是"为之不厌","知其不可为而为之",结果是"发愤忘食,乐以忘忧,不知老之将至"。孔子还特别强调,"士不可以不弘毅,任重而道远。仁以为己任,不亦重乎?死而后已,不亦远乎?"

儒家学派的后继者们都对刚健有为与自强不息精神做了进一步发展。孟子从人格修养的角度表明,"天将降大任于斯人也,必先苦其心志,劳其筋骨,饿其体肤,空乏其身。"荀子则从天人关系的角度提出"制天命而用之"的著名论断。这种不畏困苦,坚持不懈,努力进取的毅力,就是自强不息的精神。

(二)刚健有为与自强不息精神的具体表现

刚健有为与自强不息作为中国传统文化的主导精神,一直是中华民族奋发向上、蓬勃发展的动力,它对国君、人臣、封建士大夫阶层以及一般民众,都起到了激励作用。该精神已经浸透在国民的肌体和血液中,化为中国人的思想意识和行为规范,体现在社会生活的方方面面。

在中华民族历史创造活动中,刚健有为与自强不息精神发挥着潜在的支配作用,展示了不同社会群体的风采。上古时期,盘古开天辟地、女娲补天造人、后羿射日、精卫填海、愚公移山和大禹治水等神话传说,都塑造了不怕牺牲的开拓者形象,这也正是该精神的体现。

先秦时期的知识分子身上,同样能看到这种精神。"西伯拘而演《周易》,仲尼厄而作《春秋》;屈原放逐,乃赋《离骚》;左丘失明,厥有《国语》;孙子膑脚,《兵法》修列;不韦迁蜀,世传《吕览》;韩非囚秦,《说难》《孤愤》;《诗》三百篇,大抵圣贤发愤之所为作也。"

在中国历代有作为的封建帝王身上,也体现了刚健有为与自强不息的精神。例如,秦始皇"奋六世之余烈,振长策而御宇内,吞二周而亡诸侯,履至尊而制六合,执敲扑而鞭笞天下,威震四海";汉高祖刘邦"大风起兮云飞扬,威加海内兮归故乡,安得猛士兮守四方"等。

在民族兴旺发达、繁荣昌盛时期,士子情怀中总是洋溢着一股建功立业的豪情壮志。汉唐将士描述戍边的诗文中,俯拾皆是"匈奴未灭,何以家为"的英雄气概和"请君暂上凌烟阁,若个书生万户侯"的豪迈气势,这些都表现了该精神。

在民族危亡、外族入侵以及政权更迭的危机时期,中华民族以不屈不挠的精神,进行了顽强英勇的反侵略、反压迫斗争。中国历史上有过无数可歌可泣的英雄人物,如岳飞、文天祥、郑成功、戚继光、史可法等,还有流传千载的"十年生聚,十年报仇""卧薪尝胆"等格言成语。

刚健有为与自强不息精神还有一个重要的表现,那就是积极否定、革故鼎新的改革精神。《礼记·大学》中称赞,"苟日新,日日新,又日新。"《易传》也肯定了"天地革而四时成,汤武革命,顺乎天而应乎人。革之时大矣哉"。中国历史上为清除积弊而进行了多次著名的变法,例如,先秦时的商鞅变法,北宋的王安石变法,清末的康梁维新等,都是这种革新精神的体现。近代中国的革命先驱者们,更是在该精神的激励下进行改革创新,探求救国救民的真理。

刚健有为与自强不息精神还体现在日常生活的各方面。例如,"人穷志不短""刀子不磨要生锈,人不学习要落后"等民间谚语,不少人以"志刚""志强""自强""健"等作为名字,古今骚人墨客所描绘吟咏的青松、翠竹、红梅、菊花、奔马、苍鹰、猛虎、雄狮、高山和大河等形象，都反映了该精神深入人心的社会化、普遍化程度。

三、厚德载物与中庸尚和

中国传统文化追求的最高境界是"和谐"，即重视人与自然、人与社会、人与人以及人与身心等的和谐。在中国文化中的儒道互补，儒法结合，儒佛相融，佛道相通，援阴阳五行入儒，儒佛道三教合一，以至对基督教、伊斯兰教等外来宗教的包容和吸纳，都是世人皆知的历史事实。在各种不同价值系统的区域文化和民族文化的冲击碰撞下，中国文化逐步走向融合统一，表现了"有容乃大"的宏伟气魄。

（一）厚德载物与中庸尚和精神的阐释

"地势坤，君子以厚德载物。"这里的"厚德载物"，以宽厚之道德胸怀，包容万物，对待事物要兼容并蓄的意思。"君子以厚德载物"是说有道德修养的人能宽容不同意见的人。孔子认为，"君子和而不同，小人同而不和。"这里的"和""同"与"和谐"有异曲同工之妙。"同"是不讲原则地随声附和；"和"是指容纳不同意见，包容差异性。提倡"君子厚德载物"也具有"君子和而不同"的意思。

中国古代早就有"和而不同"的思想文化传统。西周末年的史伯和春秋末年的晏婴，是较早对和谐进行理论探讨的人。史伯认识到，只有不同元素相互配合，才能使矛盾均衡统一，达到和谐的效果。五味相和，食物才能美味可口；六律相和，乐曲才能悦耳动听；君主善于倾听正反之言，"和乐如一"的局面才能出现。正如史伯所言，"和实生物，同则不继。以他平他谓之和，故能丰长而物归之。若以同裨同，尽乃弃矣。"也就是说，不同事物之间彼此为"他"，"以他平他"，即把不同事物融合在一起；不同事物相配合而达到平衡，就实现了"和"，"和"才能产生新事物；如果相同的事物放在一起，只有量的增加而不会发生质的变化，就不可能产生新事物，而事物的发展就停止了。

春秋末年的晏婴，用"相济""相成"思想丰富了"和"的内涵。他将其运用于君臣关系上，强调君在处理政务上意见"可否相济"的重要性。"君所谓可，而有否焉，臣献其否，以成其可；君所谓否，而有可焉，臣献其可，以去其否。"这里的"可否相济"便是"和"，通过"济其不及，以泄其过"的综合平衡，使君臣之间保持"政平而不干"的和谐统一。重和去同的思想，肯定了事物是多样性的统一，主张以广阔的胸怀，容纳不同意见，以促进民族文化的发展。"天下同归而殊途，一致而百虑"的观点，便是重和趋同思想的体现。

厚德载物与中庸尚和的精神，还体现在中国社会生活的各个方面。在民族关系方面，中国传统文化以礼仪道德平等待人，接纳、吸收异民族的优秀文化。汉代司马相如"通西南夷"，以"兼容并包""遐迩一体"为指导思想，招抚周边各少数民族。正是该思想，使汉王朝将不同的民族——"东夷""南蛮""西戎""北狄"等融合为统一的中华民族。在治国之道方面，兼容天下的胸怀表现为"以君子长者之道待天下"，还有"兼听则明，偏听则暗"的著名成语等都是中国古代重"和"去"同"文化精神的具体体现。

事实证明，"和而不同"的文化精神观，对于中国文化的发展，发挥了十分重要的积极作用。

（二）厚德载物与中庸尚和精神的实现

既然和谐是最好的秩序和状态，是理想的追求，那么怎样才能达到"和"的理想呢？

儒家认为，根本途径在于保持"中"道，并以此规定和谐的标准。"中"指事物的"度"，即不偏不倚，既不要不及，也不要过度。孔子用"持中"作为实现并保持和谐的手段。他认为，凡事叩其两端而取其中，便是"和"的保证，也是实现"和"的途径。以"中"为"度"，"中"即是"和"，"和"包含着"中"，"持中"就能"和"。

孔子进一步提出"中庸"的概念,使中和观念哲理化。"中庸之为德也,其至矣乎!"强调了中庸是一种最高的道德,是要不偏不倚地把握"中"这个事物运动的总准则。孔子认为,办任何事情都有个标准,不能超过这个标准,也不能达不到这个标准,而应该是完全合乎标准的中正不偏,准确适度,无过无不及。所以"中庸"包含了"和而不同"和"过犹不及"两个方面的内涵。

任何事物的最佳状态,都是多种事物的对立统一而构成的和谐。事物对立的两端是客观存在的,叩其两端而用之,在对立的两极之中把握一个最适当的度,正确的态度是"允执其中"。

之后的儒家学者对中庸和谐、贵和持中思想,又不断地进行诠释和发挥。例如,《中庸》将孔子的持中原则从"至德"提高到"天下之大本""天下之达道"的哲理高度,强调通过体认和践履,去实现人与人之间、人道与天道之间的和谐。《易传》将和谐思想具体化为阴阳相分、柔刚定位的观点,推演出社会政治关系中的君臣、君民以及家庭关系中的父子、夫妇之间的尊卑、贵贱,且严格规定了阳尊阴卑、刚上柔下的等级秩序。宋儒认为"不偏谓之中,不倚谓之庸"。

从总体上看,儒家的中和理论是以中庸观为理论基础,以中、和为范畴,以礼为标准,以对统一体的保持以及对竞争、冲突的抑制消除为特征的封闭和谐体系。因此,该理论成为儒者认识世界的基本方法和待人接物的基本原则,并且渗透到整个社会心理之中。

从"和而不同"原则出发,孔子主张做事恰到好处,为人坚持原则而又能团结和谐,这的确是一种很高的修养境界。在《论语》中,孔子提出了达到中庸之至德的修养方法。例如,他强调自我修养,自我克制,严于律己,宽以待人,推己及人,行忠恕之道,将心比心,理解别人,用"礼"节制自己的社会行为等等。《礼记·中庸》把中庸之道作为做人必须达到的一种境界,并称之为"极高明而道中庸"。如何达到这一境界?《中庸》认为有五个步骤,"博学之,审问之,慎思之,明辨之,笃行之。"

贵和持中思想作为中国伦理政治型文化的基本精神，适应了封建社会大一统的政治要求，又迎合了宗法社会温情脉脉的伦理情感的需要，成为民族的情感心理原则，培育了中华民族的群体心态，它体现在中国文化的各个领域。

和谐精神经过长期的历史积淀，逐渐泛化为中华民族普遍的社会心理，例如，政治上的"大一统"观念，经济上"不患贫而患不均"的平均思想，文化上的"天下一家"情怀，文学上的"大团圆"结局，艺术上的"物我通情相忘"的意境，美学上"以和为美"的审美情趣等等。

贵和持中思想是中国传统文化的精髓，全民族都认同中和观念。人们普遍认识到自己的行为态度要适度，要重视和谐局面的实现和保持，这使得中国社会有了某种特殊的凝聚和扩展，产生了积极的影响和作用。客观地说，这抑制了竞争性观念的生长，也为折中主义、明哲保身的处世哲学提供了理论土壤，并成为统治者维护专制主义等级秩序的工具。

第三节　中国传统文化基本精神的功德

中国传统文化的基本精神作为中华民族精神的具体表现，在中国古代社会的长期发展中发挥了重要的功能，产生了深远的影响。全面了解中国传统文化基本精神的功能，有助于我们更好地把握传统文化的当代价值，促进中国传统文化的传承和发展。

一、维系民族团结、国家统一的凝聚功能

中国传统文化基本精神的一个重要功能，是维系民族团结、国家统一的凝聚功能。中国传统文化基本精神具有全民性，体现了中华民族的共同心理素质，是整个民族精神面貌的体现。中国传统文化不仅具有坚韧的"内聚性"，还对外来的文化具有"拒异性"。这有力地维系着中华民族的存在，

使中华民族免受异民族心理、精神的影响。

中国传统文化的"内聚性"和"拒异性"相结合，产生了对外来文化的强大消化力。例如，在外国，某些宗教势力超出政治势力。但在中国，无论帝王如何尊信外来宗教，帝王终究要依靠儒家的礼法来统治人民。如果外来宗教与中国社会的传统不适应，其能在汉化后，在不抵触儒家伦理道德的情况下进行宗教活动，而企图传播完全外国面貌的宗教，也是不能立足的。

印度佛教《盂兰盆经》传入中国后，为了适应中国的文化传统，其中的目连救母故事便不断改变情节和内容。元代的《目连救母》杂剧，把原本的如来佛改为观音菩萨救难，佛的地位被观音所取代，这与当时佛门声誉败坏，全真道盛行于北方有密切的关系。上演这个故事时，还穿插了"度索""蹬坛""跳圈""蹿火"等杂技节目，以迎合中华民族对于戏曲的传统娱乐要求。

中国传统文化中庸尚和的精神，孕育了中华民族崇尚和谐统一的博大胸怀，并且坚持统一，反对分裂，把国家统一看作天经地义的事。该文化传统对中华一体、国家统一民族文化心理的形成，对国家、社会的长治久安，发挥了十分重要的聚合作用。

中华民族共同心理因素——浑厚、淳朴、崇尚气节和坚忍不拔的特征，是在漫长的历史发展过程中形成的。自古以来，中华民族是由国内各民族祖先共同缔造的。在历史上，虽然各民族之间的关系和战交替、有好有坏，但由于各族之间通过贸易、结盟、通婚以及"大杂居、小聚居"的居住格局等多种方式接触，使其逐渐成为不可分割的整体。

西周初期，便称中国为"华夏"。之后，历史的潮流便朝向"华夏一体"的方向发展。例如，古书上云"此皆生一父母而阅一和也……是故自其异者视之，肝胆胡越，自其同者视之，万物一圈也"，表达了汉代人渴望民族团结的美好愿望，把中国所有的民族看成是骨肉兄弟。因此，外国人"自其同者视之"，就称所有的中国人为"汉人"了。

中国传统文化基本精神具有维系民族团结、国家统一的凝聚功能，在民族处于危难时刻愈加明显。在中华民族长达数千年的成长历程中，虽然经历过无数次各民族间的斗争，但是每当外敌入侵之时，各民族立刻团结一致，同仇敌忾，奋起反抗。例如，在明代抗倭斗争中，湖广的土家族与苗族官兵建立了"东南战功第一"的伟绩；郑成功驱逐荷兰殖民者，收复台湾，得到了台湾各族人民的热烈响应与支持；明清之际，沙俄殖民者入侵黑龙江流域，当地达斡尔、鄂伦春、鄂温克等民族坚持战斗，并在雅克萨自卫反击战中配合满汉官兵，取得了反击战的胜利。正是因为中国文化精神有如此深厚的凝聚功能，在鸦片战争以后的百年中，即使西方列强使用各种卑劣的手段，仍未能实现瓜分中国的目的。

中华民族要求民族之间团结友好的愿望与爱国思想是一致的。自古以来，中国就享有"礼仪之邦"的美誉。《诗经》中的《鹿鸣》《木瓜》等诗篇，都反映了中华民族与境外民族礼尚往来的美德。西汉以后，历代王朝政府都派使节出使周边国家，从事外交、文化交流和互利互惠的贸易活动，使节大都"入境随俗"而不是"君临异国"。为中外文化交流做出过突出贡献的人物有很多，如张骞、鉴真、郑和等都被载入史册并受到景仰。

二、培养中华民族健康人格，推动社会进步的激励功能

中国传统文化的基本精神，是民族优秀文化传统的集中体现，它对中华民族的每一个成员都有着强烈的激励功能，促进了社会的进步发展。

中国传统文化基本精神反映了中国文化的发展方向，具有激发民族自尊心、自信心和民族自豪感的巨大作用，能够鼓舞人们前行。中国传统文化基本精神是维系中华民族共同心理和价值追求的思想纽带，是唤醒人们为民族统一、社会进步而英勇奋斗、鞠躬尽瘁、死而后已的精神源泉。

在漫长的历史发展过程中，中国传统文化的刚健自强精神，一直激励着中华民族每一个成员奋发向上、不断前进，与内部的恶劣势力和外来侵

略者做不屈不挠的斗争。

在孔子时代，刚健自强精神就已经出现。孔子十分重视"刚"的品德。他认为，"刚、毅、木、讷，近仁。"在孔子看来，刚毅和道义是不可分割的，有志有德之人，既要刚毅，也要有历史责任感和时代使命感，"不知命，无以为君子也。"

曾参指出，知识分子要"弘毅"。"士不可以不弘毅，任重而道远，仁以为己任，不亦重乎？死而后已，不亦远乎？"强调人要有担当道义、不屈不挠的奋斗精神。《中庸》中提倡博学、审问、慎思、明辨、笃行的治学之道，主张刻苦学习，不甘人后。"人一能之，己百之；人十能之，己千之。果能此道矣，虽愚必明，虽柔必强"。这不仅体现了儒家对事物、对学问所采取的"刚毅"进取态度，也体现了中国传统文化"自强不息"的精神。

《周易集解》引干宝对"自强不息"的解释说，"凡勉强以进德，不必须在位也。故尧舜一日万机，文王日昃不暇食，仲尼终夜不寝，颜子欲罢不能，自此以下莫敢淫心舍力，故曰自强不息矣。"在中华文化的发展进程中，这种自强精神一直激励着中华儿女积极进取、不断向前，坚持同内部的恶势力和外来的侵略者做不屈不挠的斗争，具体的例子不胜枚举。

近代中国人民为了救亡图存和民族自强，进行了艰苦卓绝的斗争。鸦片战争后，林则徐的学生冯佳芬提出了"若要雪耻，莫如自强"的口号。洋务运动正是打着"自强"的旗号兴起的。在著名的"公车上书"中，康有为以《易传》的刚健、有为、尚动、通变原则作为"变法"的理论根据。他们都受到了中国传统文化刚健自强精神的激励和影响。

中国传统文化的人本主义精神，激励着人们尊重个体的尊严和价值，努力在现实社会中去实现个体价值。孔子就努力践行了为崇高理想而不懈奋斗、自强不息的人生态度。他在继续学习的过程中完善自己的人格。"学而不厌，诲人不倦""发愤忘食，乐以忘忧，不知老之将至"就是很好的明证。孔子到70岁时达到所谓"从心所欲不逾矩"的境界，究竟在达到这个境界后还有没有可学的？绝大多数儒者认为，即使孔子再多活一个月，多活一天，他还是要继续学习的。基于儒学的立场看，可以说孔子是一个相当平凡的人，如果再活下去，他还要继续学习下去。这种精神就是中国传统文化中的自强不息精神。同时，在实现个体价值的过程中人格发展是全面的，不是片面的，个体的身心灵魂（包括智力、德育、体力等）各个层面都有所发展。该发展的另一特色是辩证的，是一个动力很大、生命力很强的发展，而不是一个逐渐堕落、自我中心逐渐强化的过程。

中国传统哲学的各学派，虽然价值取向不同，但都重视道德修养。中国历代都有重修养、重气节、重独立人格的仁人志士，这是与中国传统文化精神的熏陶和激励分不开的。儒家学说特别强调主体自我修养和道德实践的重要性，鼓励人们通过道德修养来实现高尚情操，成就完善人格。儒家先义后利、重义轻利的价值观，虽然有忽视物质利益和现实功利的弊端，但在提高人的精神境界，把人培养成为有道德、有精神追求的人方面，有着不可否认的积极作用。

三、整合不同价值，开拓创新的功能

整合不同的价值取向，熔铸成一个有机的统一体，使其在中华一体的文化格局中有所开拓创新，是中国传统文化基本精神的又一重要功能。中国传统文化的基本精神，是整个中华版图意义上的民族精神。中华民族的家园坐落在亚洲东部，西起帕米尔高原，东到太平洋西岸诸岛，北有广漠，东南是海，西南是山的一片广阔的大陆上。这片大陆四周有自然屏障，内部有结构完整的体系，形成了一个地理单元。这个地区在古代居民的概念里是人类得以生息的、唯一的一块土地，因而称之为天下。这种概念固然已经过时，但是不会过时的却是这片地理上自成单元的土地一直是中华民族的生存空间。

而中华民族多元一体格局的形成和发展，是一个漫长的过程。完整意义上的中国文化不仅是中原之国文化的成熟、定型，也是一个长期发展的过程。中华民族的多元一体格局决定了中国传统文化也是在多元一体的格局下发展起来的。作为中国传统文化基本精神的诸多主体内容，在不同时期、不同地域发挥了不同的作用，并对原有的诸多地域文化和不同阶层的文化，发挥了重要的整合创新功能。如，齐鲁文化、燕赵文化、巴蜀文化、荆楚文化、吴越文化、秦陇文化和岭南文化等，都是古代中国人在特定的地域里，经过长期艰苦卓绝的努力创造的，反映该地域社会发展的文化程度。

中华版图内的各地域文化，折射了不同的价值取向，各具有独特的自然环境和社会人文特色。各具特色的地域文化，都有中华一体的文化认同意识。正是在这种共同文化精神、民族精神的烛照下，多元发展的地域文化逐渐走向融合，汇聚成中国传统文化的大家庭。汇聚完成后，不同地域文化中的"基因"（价值取向）继续存在，但有的被发掘、提升为全民族共同的精神财富。

在中国漫长的历史发展过程中，每一次大分裂后的统一都伴随着文化思想观念上的整合创新。秦朝的统一，使"车同轨，书同文，行同伦"，还立郡县和确立度量衡的标准，在经济、政治和文化上为统一体立下制度化的规范。尔后从隋唐到宋之间的五百多年时间里，是中国文化发展的高峰期，呈现出盛大恢宏的气象，蕴含着深刻的整合创新精神。该时期文化所具有的开放性和开拓性，与民族成分的大混杂和大融合是高度相关的。

中国传统文化基本精神的整合创新功能，根植于中国古代哲学思想之中，"贵和"思想便是突出一例。在我们的先哲看来，"和实生物，同则不继。""和"是创新的源泉，万物的生生日新是统一体中"不同"、对立方面整合的结果。正如《易传》中所言，"日新之谓盛德，生生之谓易。"

中国传统文化基本精神，作为中华民族共同的精神成果，在演进的历程中逐渐形成了文化大传统。天人合一与以人为本，刚健有为与自强不息，厚德载物与中庸尚和成为中华民族广泛认同的文化精神，其超越了地域和阶层，成为了稳固的民族文化心理。

中国传统文化基本精神有趋善求治的价值取向，不论在精神层面和行为方式层面，还是在社会心理和潜意识层面，都对全民族产生了任何其他因素所不能取代的影响。例如，天人合一精神，激发出"究天人之际"的思想、治学传统，并成为不同时期各思想流派共同的思维方式和价值追求；贵和尚中精神，培育了中华民族反对分裂，追求和谐的整体观念，养成了崇尚中道，不走极端的平和心境。经过长期实践，这些思想观念相互整合，逐步深入人心，并演化为深厚的民族共同心理，以至成为集体的"文化无意识"，塑造了中国传统文化博大、精进、宽厚、务实的精神风貌。

第五章 中国传统文化的类型与特征

　　各文化因自然地理环境、物质生产方式及社会组织结构的差异性，形成了不同的文化类型。只有从总体上把握了文化的类型特征，才能更加透彻地理解各文化的精神内涵，从而进一步追溯、探究不同文化形态的差异及其奥秘所在。中国传统文化是一种以人伦道德为基础和主导的伦理型文化。以伦理道德为内核的中国传统文化之所以源远流长，是因为它具有永恒的价值。同时，中国传统文化的伦理特质也有缺陷和不足。在天人合一、道德弥漫的文化氛围中，外在的自然界未被当作独立的认识对象与人伦相分离，使以外物为研究对象的科学便遭受冷遇，甚至被放到与道德对立的位置上而遭到压抑和贬斥。因此，自然科学、分析哲学之类便难以获得充分的发展，这也是中国文化没能诞生出近代科学的重要原因之一。伦理道德关系的僵化与绝对化，在某种程度上又成为压抑人性、扼杀心灵的元凶。学者们基于不同的视角和侧重点，概括出了中国传统文化的不同特征。在梳理总结、借鉴吸收学者们对中国传统文化特征已有观点的基础上，本书将中国传统文化的特征概括为包容性、宗法性、和谐性和务实性等四个方面。

　　世界各民族文化因自然地理环境、物质生产方式和社会组织结构的差异性，形成了不同的文化类型。文化的类型特征一旦形成，就会获得顽强的延续力，成为一种传统。与具有悠久历史的其他文化（如印度文化、希腊罗马文化等）相比较，中国传统文化呈现出鲜明的类型特征——以伦理道德思想为核心的文化类型。人们只有从总体上把握中国传统文化的类型特征，才能更加透彻地理解中国传统文化的精神内涵，从而去进一步追溯、探究不同文化形态的差异及其奥秘所在。

第一节　中国传统文化的类型

中国人很早就对文化类型有所认识。古人通过将中原地区华夏族的农耕文化与周边少数民族的游牧文化、渔猎文化加以比较，建立了自己的文化类型观。两汉以后，又将本土以入世精神为特征的儒家文化与来自南亚以出世精神为特征的佛教文化加以比较，进一步突出本土文化重伦常礼教的类型特征。近代以来，人们更是从比较文化学的角度界定文化类型。例如，严复、李大钊等人就把中国文化归结为"农业—宗法型"，而梁漱溟则将中国文化、印度文化、希腊罗马西方文化称为文化三类型。然而，"文化类型"这一概念是美国人类学家林顿在1936年所著的《人的研究》中提出的。

一、文化类型说

美国现代进化论者斯图尔德于1955年在《文化变异论》一书中对"文化类型"这一概念进行了界定与论述。他所谓的文化类型，是不同的民族文化适应环境而产生的各种文化特质相互整合的核心特征，不是全部的文化特质或文化元素的总和或集合，而是指那些有代表性的，具有因果联系的特征。这些特征都与文化结构相关，具有功能上和生态上的联系，代表着一个特殊的时间顺序和发展水平，彰显了各民族之间的本质差别。

随着文化学研究的深入，目前关于文化类型的讨论，主要有以下几种观点：

观点一，按地理环境区分文化类型。该观点认为，任何民族文化的产生、演变、丰富、发展都是在特定的自然地理环境中发生的，在独特的社会政治、经济土壤里完成的。古代中国"负陆面海"，地域广阔，自古就形成了几种不同的文化类型——河谷型、草原型、山岳型和海洋型。

草原型文化具有流动性和外向性的特征；山岳型文化的封闭性和排他性特征突出；海洋型文化的开放性和冒险性较强；河谷型文化具有内聚力和容纳性强的特征，是一种以农业为主体的混合型文化，有较大的伸缩性和较强的适宜性，有很强的容纳、吸收和同化其他文化的潜力。

中国文化属于河谷型文化。几千年来，中国文化不断融合和同化了草原文化、山岳文化和海洋文化，内涵日益丰富和充实，并且始终保存着自己的发展基因。但是，河谷型文化是一种单向的发展类型，文化结构的单一化倾向和文化心态的自我优越感，给中国社会发展也带来了不良影响。

观点二，按照生计方式和观念文化的内在联系进行分类，将文化分为农业文化、工商文化和游牧文化等。

该观点认为中国文化孕育诞生在一个农业宗法社会的母体之中。大约在氏族社会后期，中国就进入了以农耕为主要生计方式的农业社会，农耕经济一直是中国古代社会经济的主干。纵观中国农耕文化从萌芽到发达的历史，经济结构在很大程度上给中国文化产生了影响。长期以农耕为主要生计方式，对中华民族的社会心理和思维方式产生了极大影响。人们安土重迁，追求生活的稳定与安宁，缺乏了冒险精神。中国历代统治者视农业为立国之本，认为商业和手工业是"困辱游业"，甚至认为"务末"则丧国。

观点三，审视中国文化的形成、发展历程，认为儒、道、墨、法、佛等诸家思想学说，构成了中国文化的主体内容和核心。儒家从汉代起取代了法家，备受推崇，以官方意识形态的身份起作用，处于显学地位；而法家、墨家等被统治者所抑制，如法家的"权、术、势"和墨家的"兼济天下"以各种隐蔽的方式起作用，而成为隐学。

此外，还有观点认为，依据不同的标准可将中国传统文化分为不同的类型。一种是中国传统文化的雅俗之分。中国传统文化中的雅文化，也可称为士大夫文化或精英文化；俗文化，也可称为通俗文化或大众文化。雅文化居于中国传统文化的主导地位。另一种是中国传统文化的山庙之分。

中国传统文化中以道家思想为核心的山林文化，亦可称为隐逸文化；以儒家积极有为、自强不息的经世思想为核心，以入世为特征的庙堂文化，是中国传统文化中的结晶与精髓。

上述分类，是依据中国传统文化的特点以及特点的内在联系划分的。由于各特点相互联系、相互作用，以上划分的类型只是相对的。由以上可知，中国传统文化类型是指中华民族所创造的区别于其他民族而独具特色的文化形式，它表现为中华民族所具有的共同的价值观念、思维方式、心理状态和精神面貌等思想文化特征。

二、中国传统文化的伦理类型

与具有悠久历史的异文化（如希腊罗马西方文化、印度文化）相比较，中国传统文化的伦理类型突出。希腊罗马西方文化传统中，一以贯之的对外界事物的实质、秩序、规律的探索，属于理性文化类型；印度文化中，贯彻始终的超越行为，执着于人生矛盾的宗教情结，属于宗教文化类型。中国传统文化则立足于人的生存，始终思考和阐述着人应如何做人，人应如何处世，个人与群体与他人应建立、保持怎样的关系。所以，中国传统文化是一种充斥着积极入世情绪、充斥着人伦道德精神的文化。

就中国文化把人置于世界中心地位的"重人"特点而言，可被称为"人本主义"。不过这种"人本主义"，并不同于近代西方以个性解放、自由民主为旗帜的人本主义，而是人与自然、社会和谐共生的集体主义的自觉。所以，中国传统文化是一种以人伦道德为基础和主导的伦理型文化。

（一）中国传统文化的伦理类型与宗法制度的关系

中国传统文化的伦理型特征，是多种因素共同作用的结果。但是，可以肯定的是，这与中国古代社会宗法制度的影响密不可分。中华民族是在原始血缘纽带未充分解体的情况下进入阶级社会的，"血亲"意识在全体社会成员心目中是挥之不去的，被直接转化成了法律条文，例如，"不孝"

成了犯法者的"首恶"大罪。并且宗法制度下统一广泛的伦理道德要求,已经内化为人们普遍的社会心理和行为规范。

与西方文化不同,中国文化强调"百善孝为先","孝"是中华民族古已有之的美德。中华民族浓烈的"孝亲"情感,被宗法制度进一步强化、凸显,并置于一切道德规范的核心地位。《孝经·开宗明义》即说:"夫孝,始于事亲,中于事君,终于立身。"把忠君、敬长、尊上等都看作孝道的延伸,并把"尊高年,所以长其长;慈孤弱,所以幼吾幼"当作"孝"的推广。因此,"圣人"便可以"以孝治天下"了,这也正是宗法制度的内在逻辑。

(二)诸学派、学者对中国传统文化伦理类型的关注和认同

先秦时期,奠定了整个中国文化的基调。诸子百家的思想学说成为之后两千年中国文化的总纲领。尤其是儒家和道家的思想,构成了中国传统文化的两股主流,被奉为传统文化的源头,也最能彰显中国传统文化的特征。道家学说的代表人物老子,从本体论的高度说明"万物莫不尊道而贵德"的道理。他认为,"重积德则无不克,无不克则莫知其极。莫知其极,可以有国。"儒家的代表人物孔子,则把道德伦理与社会政治紧密结合。他认为,"政者,正也。子率以正,孰敢不正?""苟正其身矣,于从政乎何有?不能正其身,如正人何?""其身正,不令而行;其身不正,虽令不从。"以上是对为政者的道德要求,而从治理国家人民的角度来说,孔子也主张以人伦道德为手段和目的。孔子认为,"道之以政,齐之以刑,民免而无耻;道之以德,齐之以礼,有耻且格。"在人与人的关系上,孔子主张"己欲立而立人,己欲达而达人","己所不欲,勿施于人"。

汉代董仲舒主张"罢黜百家,独尊儒术",把儒家思想推上了统治中国两千年封建社会意识形态的巅峰地位,之后为中国的思想文化和社会生活深深地打上伦理道德的烙印,使以"三纲五常"为核心的儒家伦理成为不可动摇的礼教。董仲舒说:"天为君而覆露之,地为臣而持载之;阳为夫而生之,阴为妇而助之;春为父而生之,夏为子而养之……王道之三纲,

可求于天。"《白虎通义》上说:"子顺父,妻顺夫,臣顺君,何法? 法地顺天也。"如此这般,封建伦理道德与封建政治制度、宗法制度密切结合的"礼教之网",把一切社会现实与理想、人格与价值都纳入个人道德实现的过程中。

墨家和法家的思想也不同程度地带有伦理色彩。墨子"兼相爱,交相利"的社会理想,体现了他对"相爱相亲"伦理关系的渴望。法家的管子倡导"四维七体"的道德规范,"四维"即"礼、义、廉、耻","七体"即"孝悌慈惠,恭敬忠信,中正比宜,整齐搏避,纤啬省用,敦惨纯固,和协辑睦",体现了法家对人伦道德的密切关注与重视。

北宋的张载认为,"乾称父,坤称母;予兹藐焉,乃混然中处。故天地之塞,吾其体;天地之帅,吾其性。民,吾同胞,物,吾与也。"不难看出,张载把人伦道德观念贯彻于天地万物之中,使宇宙万物的存在与发展都打上了伦理道德的色彩。

朱熹认为,"圣人千言万语,只是教人存天理,灭人欲。""天理",即指封建的伦理道德。梁启超说:"儒家舍人生哲学外无学问,舍人格主义外无人生哲学。"严复从中西比较的角度论述中国传统文化时,也体现了伦理道德的特征。他在《论世变之亟》一文中说:

中国最重三纲,而西人首明平等;中国孝亲,西人尚贤;中国以孝治天下,而西人以公治天下;中国尊主,而西人隆民;中国责一道而同风,而西人喜党居而州处;中国多忌讳,而西人重讥评。其于财用,中国重节流,而西人重开源;中国追淳朴,而西人求欢虞。其接物也,中国美谦屈,而西人务发舒;中国尚节文,而西人乐简易。其为学也,中国夸多识,而西人尊新知。其于祸灾也,中国委天数,而西人恃人力。

中国传统文化的伦理特征,不仅中国学者关注和认同,国外学者基于异文化的视角更清晰地看到了中国文化的伦理特征。斯宾格勒认为,道德灵魂是中国文化的基本象征符号。黑格尔说:"中国纯粹建筑在这一种道德的结合上,国家的特性便是客观的家庭孝敬。"在中国,在某种意义上,有一个极其令人赞佩的道德,再加上有一个哲学学说,或者有一个自然神论,因其古老而受到尊敬。

(三)中国传统文化的伦理特征渗透于社会文化各领域

中国文化的伦理特性渗透到中国人的宇宙观、世界观、人生观和知识论当中,几乎在每一处文化角落皆可寻觅到它的踪迹。渗透的实现大体是通过两个途径完成的:

其一,"天人合一"的古老传统观念。中国素有"天人合一"的主张,该观念把人伦道德与最高主宰"天"连接起来,使伦理道德有了神秘权威、永恒主宰和自然规律的无条件支持,使人不容置疑。儒家六经之首的《易》就提出过"与天地合德"的理想,"裁成天地之道,辅相天地之宜"的思路。该哲学思想的含义是:把人看成宇宙自然的一部分,天人之际便有了人间宗法制度的"亲情"。人类最高的道德理想与天地自然的规律一脉相承,人与天地"合其德"为最高的人生境界。老子则认为,"人法地,地法天,天法道,道法自然。"董仲舒在《春秋繁露》里构建了天人一统图式,阐述了"天人感应"思想,例如,"天尊地卑,男尊女卑","王道之三纲,可求于天",宣扬封建伦理是"天意",因而神圣不可侵犯。宋明理学把人伦道德规范称为"天理"。此外,中国封建政治最高集权者称为"天子",颁布命令则称是"奉天承运",图章叫"嗣天之宝"。一个人违背了人伦道德规范,被指斥为"丧尽天良",理应遭到"天谴"等。以上例子,都是人伦即天道的生动体现。

其二,伦理学融入社会文化的各个领域,成为各文化门类的出发点和归宿,以及判定是非得失的最高标准。因此,政治学成为道德评判,政事被归结为善恶之别,正邪之争,君子小人之辨;文学强调教化功能,成为"载道"的工具;史学往往不以存史为基本任务,而以"寓褒贬,别善恶"为宗旨;教育则以德育居首,所谓"首孝悌,次见闻","行有余力,则以学文",知识的传授退居其次。在中国文化体系中哲学与伦理学相融,主要是一种道德哲学。中国文化熏陶出来的优秀人物,在其流传至今的作品的字里行间中，无不洋溢着热烈的道德情感与伦理精神，例如，范仲淹的《岳阳楼记》、张载的《西铭》、文天祥的《正气歌》等。

由以上可知，道德论与本体论、认识论、知识论互摄互涵，相资相证，难解难分，伦理道德学说的确是中国传统文化不容置疑的重心。

（四）中国传统文化伦理类型的优点和不足

以伦理道德为内核的中国传统文化之所以源远流长，是因为它具有的永恒价值。中国传统文化的道德伦理观念激发了人的自觉。一是人作为"类"的自觉。"人之所以异于禽兽者几希。"也就是说，人类有伦理，将人与禽兽区别开来。人处在这个世界上，都有各自的义务与责任，应该践履伦理道德。二是人作为个体的自觉。"人皆可以为尧舜"，是说每个人都可以通过道德觉醒和道德磨炼而完善自身，达到最高的生命境界。由道德觉醒而产生的对他人、民族、国家，以至万事万物真诚的义务责任感，就是中国传统文化思想陶冶出的圣洁心灵和理想人格，就是被悠久的历史一代代传承着的中华民族特有的道德观念和生活情理，就是中华民族的根本信念、良心和善。

毋庸置疑，中国传统文化的伦理特质也有缺陷和不足。在天人合一、道德弥漫的文化氛围中，外在的自然界未被当作独立的认识对象与人伦相分离，从而使以外物为研究对象的科学便遭受冷遇，甚至被放到与道德对立的位置上而遭到压抑和贬斥。王守仁认为，"知识愈广而人欲愈滋，才力愈多而天理愈蔽。"程颢则"以记诵博识为玩物丧志"。因此，自然科学、分析哲学之类便难以获得充分的发展，这也是中国文化没能诞生出近代科学的重要原因之一。伦理道德关系的僵化与绝对化，在某种程度上又成为压抑人性、扼杀心灵的元凶。因此，我们学习中国传统文化时，要认真地加以反思和剔除。

第二节 中国传统文化的特征

学者们基于不同的视角和侧重点,概括出了中国传统文化的不同特征,比较有代表性的有:

梁漱溟概括了中国传统文化的十四大特征:①广土众民;②偌大的民族之同化融合;③历史长久,并世中莫与之比;④中国有一伟大力量蕴寓于其中,但又指不出其力量竟在哪里;⑤历久不变的社会,停止不进的文化;⑥几乎没有宗教的人生;⑦家族本位;⑧中国学术不向着科学前进;⑨民主、自由、平等一类要求,不见提出,及其法制之不见形成;⑩道德气氛特重;⑪中国不属普通国家类型,而属超国家类型;⑫中国历史上兵与民分、兵民合一的有兵局面后世变成无兵;⑬中国文化为"孝的文化";⑭隐士是中国社会的特产。

韦政通概括了中国传统文化的十大特征:①独创性;②悠久性;③涵摄性;④统一性;⑤保守性;⑥崇尚和平;⑦乡土情谊;⑧有情的宇宙观;⑨家族本位;⑩重德精神。

何晓明依据文化结构的四层次划分,概括了中国传统文化在各层次上的特征:①从物态文化层分析,中国传统文化是一种农业文化;②从制度文化层分析,中国传统文化是一种宗法文化;③从行为文化层分析,中国传统文化是一种礼仪文化;④从心态文化层分析,中国文化是一种伦理文化。

顾伟列将中国传统文化的特征概括为:①人文性;②包容性;③伦理性;④和谐性;⑤务实精神。

还有学者将中国传统文化的特征概括为:①强大的生命力和凝聚力;②重实际求稳定的农业文化心态;③以家族为本位的宗法集体主义文化;④尊君重民相反相成的政治文化;⑤摆脱神学独断的生活信念;⑥重人伦

轻自然的学术倾向；⑦经学优先并笼罩一切文化领域。

在梳理总结、借鉴吸收学者们对中国传统文化特征已有观点的基础上，本书将传统文化的特征概括为以下几个方面：

一、包容性

英国历史学家汤因比曾说过，在近6000年的人类发展史上，出现过26种文化形态，其中包括四大文明古国的文化体系，但是只有中国的文化体系从未中断过，并表现出强大的生命力。中国文化之所以能发展至今，具有如此强大的生命力，原因是多方面的，中国文化的包容性是其中最重要的原因之一。中国传统文化的包容性主要表现在以下两个方面：

（一）对境外不同文化进行吸纳、消化的同化力

所谓同化力，是指中国文化对外来文化的吸纳和消化，使之中国化后成为中国文化的有机组成部分，从而丰富了中国文化的内涵。在中国文化发展的历程中，佛教文化的传入和中国化就是很好的例证。佛教起源于印度，公元1世纪前后传入中国。佛教传播的结果是：一部分完成了在中国的本土化，即中国化，成为中国式的佛教；一部分被宋明理学吸收、消化，成为中国传统文化的一部分。

在中国文化发展的过程中，曾屡遭南北方少数民族的军事侵略。

南北方少数民族入侵中原的过程中，虽然在军事上暂时占据优势，甚至建立了强有力的统治政权，但是在文化方面他们都被先进的华夏农耕文化所同化。中国文化正是因为消化、吸收了各少数民族文化的新鲜血液，才进一步增加了其生命力。

（二）对境内各地域、民族文化的融合力

所谓融合力，是指中国传统文化在中华民族的汉民族文化的基础上兼容并济了中国境内各地域少数民族的文化，形成了内涵丰富的中华文化。中国传统文化属于内陆型文化，产生并成熟于与外界隔绝的东亚大陆，封

闭性的地理环境是其赖以形成的不可忽视的重要因素。中国境内有黄河流域的中原文化，长江流域的巴蜀文化、荆楚文化、吴越文化，以及西域文化等。

早在先秦时期，不同区域之间就存在文化交流，各民族文化在传播交流中博采众长。中国文化的发展过程中，北方的游牧民族学习中原汉族的农耕技术很大程度地被汉化，并将畜牧业生产技术传入中原。在各民族长期的交往中，中原地区各民族语言的差异逐渐消失，汉语成为通用语言，夷夏观念日益淡化。

因此，中国文化强大的同化力使进入中国的境外文化被同化，中国文化强大的融合力使进入中原地区的外族文化被融合。中国化了的境外文化和汉化了的少数民族文化，与原有的汉族文化、中华文化融为一体，成为中国传统文化不可分割的有机组成部分。中国文化历经数千年从未中断过，表现出了顽强的生命力，这不仅与中国农业—宗法社会所具有的延续力有关，与半封闭的大陆环境所形成的地理条件有关，也与中国传统文化本身所具有的包容性有很大关系。

二、宗法性

中国古代的社会制度和社会组织形式不断变迁，但是，氏族社会遗留下来的以父系家长为中心、以嫡长子继承制为基本原则的宗法制度却一直延续到近代，有数千年之久。宗法制度在中国根深蒂固，其意识形态残余对当下的社会仍然产生着影响。

宗法制度起源于原始社会父系家长制，是家庭公社成员之间牢固的亲族血缘联系，是与社会政治等级关系相渗透、固结的产物。宗法制度确立于西周。在宗法制度下，君主自命天子，治理普天之下的土地和臣民。从政治关系看，君主是天下的共主；从宗法关系看，君主又是天下的大宗。君主之位，由嫡长子继承，世代保持大宗地位，其余王子则封为诸侯，相对于嫡长子为小宗，但各自在其封国内又为大宗。诸侯之位亦由嫡长子继承，余子则封卿大夫。卿大夫以下，大、小宗关系依上序。

宗法制度具有政治权利统治和血亲道德制约的双重功能，奠定了中国传统社会"家国"制度的定式，而且持久延续。秦之后的宗法观念受儒家宗法伦理思想影响，核心是三纲——君为臣纲，父为子纲，夫为妻纲。其根本原则是长幼有序，尊卑有别。宗法观念影响下的中国传统社会形态具有以下特征：①家庭本位制得以确立，宗族凝聚力不断加强，成为国家与社会的基本结构。②"家国同构"，以血缘亲情为本位的家庭与国家的组织结构具有共同性。家庭是国家的缩影，国家是家庭的放大，二者的秩序形态是同构的。③统治阶级倡导"以忠孝治天下"，"忠孝"成为社会道德规范和行为准则的标准，在此基础上，较强大的社会舆论及礼教，成为统一的社会意识形态。④在社会价值取向、伦理形态和生活方式等诸方面，形成的宗法礼仪文化及伦理性政治文化，成为中国传统文化的主轴。

中国传统文化中的宗法观念与礼教相结合，具有很强的道德吸引力和感召力，深刻影响了社会文化生活的诸多方面。中国农业文明催生并与其紧密结合的宗法制度，不仅创造了稳定的文化发展、延续的社会环境，也促使华夏民族从对神的崇拜到对人自身的关注。在宗法观念的影响下，中国社会形成了讲究群体意识、注重家庭观念、忠君爱国、孝顺父母等优良传统；与此同时，也形成了狭隘民族主义、宗法小团体、地方宗派和老人政治，以及重血缘、亲族和人情等不良风气。

三、和谐性

虽然中国地理环境相对封闭，但是幅员辽阔，气候宜人，具有优越的农业生产条件，成就了中国内陆型的农耕文明。长期生活在这块土地上的中华民族，以农耕为主要生计方式，习惯于"顺天"——合规律的四季气候、昼夜寒暑和风调雨顺等对生产和生活的巨大作用，对天地自然怀有和产生了亲切的情感和观念。早熟的农业文明，形成了中华民族自古以来与天地自然和睦相处，积淀为"天人合一""万物一体"和"天人合德"的民族心理，也造就了中国传统文化的和谐精神。

回顾中国传统文化的发展历程，不难发现，中国文化的和谐精神不仅体现在"人与自然"的和谐上，还体现在"人与人""人与社会"的和谐上。

天人合一思想是人与自然和谐相处的集中体现，认为人与自然是相统一的整体。首先，肯定天地、万物、人是齐同的，同类相通，统一成一个整体。《周易》以"天""地""人"为"三才"，并认为"有天地，然后有万物；有万物，然后有男女；有男女，然后有夫妇"，《道德经》以"道""天""地""人"为"四大"，庄子说"天地与我并生，而万物与我为一"，把"人"视为与天地自然相互依存的重要实体。其次，人是"天地之心"，为万物之灵长，宇宙之精华，人要爱万物。惠施提出，"泛爱万物，天地一体也"，张载认为，"民，吾同胞；物，吾与也"，无不主张人与自然要亲和友善，宽容厚之。最后，人与自然环境要和谐共生，遵循自然法则。古籍中多有论述，"道法自然"，"法天地"，"夫大人者，与天地合其德，与日月合其明，与四时合其序"，这些都体现了中国文化重视人与自然和谐的特征，与西方文化强调人要战胜、驾驭自然，形成鲜明的对比。人与自然相和谐的天人合一思想，对当下倡导的生态平衡和可持续发展，具有很强的启示和借鉴意义。

人与人的和谐，体现在推己及人的思维方式形成的传统处世哲学上，通过人际间的情感交流，达到一种和谐的境地。例如，儒家倡导"己所不欲，勿施于人"，"己欲立而立人，己欲达而达人"的"恕道"原则，要求每个人在文化实践中，"老吾老以及人之老，幼吾幼以及人之幼"。也就是说，一事之前要先设身处地地为对方（他人）着想，以对方（他人）为重。中国传统文化中人与人之间的和谐，彰显了"仁者爱人""和为贵"的精神。

人与社会和谐，体现在倡导"不偏不党，王道荡荡"的"中庸"处世态度上，既积极入世，又注重自我约束和个人修养。中国传统文化坚持"中和为上"的致中和原则，把个人与社会的关系看作矛盾的统一体。矛盾表现在个人与社会常有的对立冲突。对立的原因是每个个体是血肉之躯，必然会有所欲求。人人有所欲求，而社会不可能满足人的所有欲求，必然会产生冲突。统一表现在个人与社会不可分，个人脱离社会就无法生存，社会没有了个人也就不成为社会。以儒家思想为代表的中国传统文化，在人与社会关系的处理上反对偏激，规避法家只重视社会而忽略个人利益的极权政治，以及道家只求独善其身，不问天下国家的消极态度。

四、务实性

中国传统文化的务实性体现在民族性格上，植根于农业文明的环境中，形成了"一分耕耘，一分收获"的共识，立足现世，倡导惜天时，尽地力，重本务，远离玄虚，鄙夷机巧奸伪。正如章太炎所描述中国国人的务实性格，"国民常性，所察在政事日用，所务在工商耕稼，志尽于有生，语绝于无验。"中国传统文化的务实性，告诫人们立足于彼岸世界，把"立德、立功、立言"作为实现人生价值的目标，走"经世致用"的道路。所谓"致用"指的是学必有用，求知要与躬行结合起来。孔子的"学而优则仕"，"学"是学，"仕"则是用。《大学》中的"博学之，审问之，慎思之，明辨之"是学，"笃行之"是用。因此，中国古代知识分子大体都是入世型的。

中国传统文化的务实性，使之成为一种非宗教、世俗的文化，其精神追求不在于力求建构彼岸世界和灵魂永存的幻想，也不探讨空疏世界的玄奥。务实性使中华民族未陷入宗教的迷狂，虽然有本土宗教和外来宗教的传入，但未曾有哪个宗教成为国教。务实理性的价值取向曾使古代中国在农学、天文、数学、医学等应用学科领域处于领先地位，但也导致了对理论探讨和逻辑论证的相对忽视，这一传统的思维方式也阻碍了传统科技的进一步发展。

中国近代科技的落伍，与中国传统文化具有务实性，较少关注理性主义和实验主义意义上的科学文化不无关系。

第六章 中国传统文化的传承与发展

第一节 中国传统文化的认同与传承

任何一个民族或一个国家的文化，想要屹立于世界多元文化之林，在其历史发展过程中既要认同自己的民族传统，传承本民族文化特色，又要吸收外来文化以发展壮大自己。

一、正确评价中国传统文化的历史地位，是认同与传承的前提

从文化学的视角来看，民族是人们在历史上形成的一个有共同领域、共同语言、共同经济生活以及稳定的共同心理素质的人类共同体。基于此，任何民族都有区别于异民族的文化传统。文化传统是一个民族世代积累的精神财富，是该民族持续发展的力量源泉。文化传统是一个民族自强精神、自尊心和自豪感的根源。当一个民族处于危难时刻，文化传统可以唤起历史记忆，激发民族活力，勇敢面对并解决复杂问题，使民族获得新生。因此，认同并传承本民族的文化，对任何一个民族来说都至关重要。

真正有生命力的文化一定是具有包容性的，既能坚守民族主体性和民族文化的优良传统，又能广泛吸纳异文化的精华。只有如此，才能建设社会主义先进文化，提高中华民族的科学文化水平和文明素质。这就是所谓的"古为今用""洋为中用"的选择和继承原则。

要发展社会主义先进文化，就必须正确认识传统文化的价值以及正确

估价它的历史地位。要正确估价中国传统文化的历史地位，就要客观区分精华与糟粕。

中国传统文化中有待认可和传承的精华有很多，例如，理智的无神论传统，独特的人文取向与人道原则，唯物主义的思维方式，以人为本的德性伦理等等。同时，也要看到传统文化在历史发展过程中积淀下来的糟粕，它们已成为"历史的堕力"，阻碍中国社会历史向前发展，例如，以家族为本位的宗法等级观念，对自给自足、安于现状手工业生产生活方式的坚守，故步自封、抱残守缺、夜郎自大的思想观念等。

当前，中国传统文化的认同与传承是立足现实理解传统，从传统文化中汲取有益的成分进行创造性转化。

二、传统文化的现代化助力中国现代化的实现，是认同与传承的动力

进入 21 世纪，中国社会发展的时代主题是全面实现社会主义现代化——经济、政治、文化等各方面都要实现现代化，其中最重要的一个方面，是实现中国文化的现代化。中国文化的发展要反映新的时代要求，创造新的时代内容，走向辉煌。

中国的现代化经历了一个曲折的历程。中国人在探索中国现代化进程时，从现代化的物质层面到政治制度层面，再到思想观念层面，付出了艰苦的努力和巨大的代价。先是学习西方的科学技术，但是却没能实现物质层次的现代化；之后引进西方的政治思想，发起了资产阶级政治改革运动，辛亥革命后的中国没能走上现代化强国之路；后来从文化思想方面学习西方，也没能真正实现国民心理的现代化。我们应该很好地总结经验教训，探讨现代化的规律。

现代化是一个含义非常广泛的概念，既是过程又是目标。现代化不仅指科学技术的高度发达、生产力的极大提高、经济的快速发展以及物质财富的极大丰富，而且还包括现代人所具有的思想观念、思维方式、价值标

准和行为准则等。现代化的实现,体现在文化结构的三个层次——物质文化、制度文化和精神文化,其中,精神文化的现代化是最高层次的现代化,是指人的现代化。因为没有人的现代化,前两个层次的现代化就很难实现,并获得持续发展。人是现代化的主体,又是现代化的归宿。

没有人的现代化,就不可能实现社会的现代化。人的现代化,最重要的是人的思想、行为的现代化。人的思想、行为与社会现实生活息息相关。在中国这样一个崇尚传统,尊重祖先的国度里,中国的传统文化对人的思想、行为的影响最大甚至是根深蒂固的。

中国传统文化与中国现代化有着千丝万缕的联系,关系到现代化的进程和实现。因此,离开了中国传统文化来谈现代化是不现实,也是不可能的。中国现代化的实现,必然包括中国传统文化的自觉更新和中国优良文化传统的延续。中国传统文化的现代化是中国现代化得以实现的必然前提。中国传统文化的现代化涉及的范围极其广泛,主要包括传统思想观念的现代化,传统思维方式的现代化和传统行为方式的现代化。

发展社会主义先进文化必须继承中国传统文化精华。这是中华民族赖以生存发展的基础。要正确认识中国传统文化,区分精华与糟粕。在社会主义现代化建设中,要让中华优秀传统文化获得新生,绽放出新的光彩。但是,对待传统文化必须运用科学的精神和求实的态度,真正筛选出能为今天和未来建设服务的精神遗产。其次,要借鉴吸纳世界各国的思想文化成果和先进科学技术,赋予社会主义先进文化以时代性和世界性的双重意义。社会主义现代化建设,不仅要继承和发扬中华民族优秀文化传统,还要学习和吸收世界各国人民创造的优秀文明成果。

第二节 中国传统文化的继承与发展

进入 21 世纪,人类一面享受着物质文明带来的福祉,一面又经受精神文化矛盾带来的煎熬，如人工智能、生物工程等对人的本性和道德伦理的巨大冲击，全球性问题的凸显，反文化潮流的涌动，普遍的精神危机等。在这风云莫测、杂沓纷纭的时代变化背后，更为深刻的变化还是文化的嬗变。似乎所有这些都在警告人们，人类对自然的改造越成功，人自身就越成为人类生活的主要矛盾。

在这希望与忧患交织，成就和危机并存的新纪元里，人类文化的航船将驶向何方？在未来世界文化坐标中，应该如何继承和发展中国传统文化？这是我们应该回答也必须回答的问题。

一、中国传统文化的世界影响和现代价值，是继承和发展的前提

作为中华民族几千年社会历史的积淀，中国传统文化必然负载历史的尘埃，有许多陈旧腐朽、滞后时代的内容，需要我们予以扬弃、更新。不可否定的是，中国传统文化作为中华民族智慧和创造力的结晶，蕴含着恒久的精华，不仅在历史上对中国乃至世界的发展产生过深刻影响，对当下中国现代化仍然具有积极的价值和指导意义，也能够为人类的文明进步做出自己的贡献。

（一）中国传统文化的世界影响

在历史上，中国传统文化曾为世界上很多人所乐意接受，对世界各国的发展做出过巨大的贡献，产生了世界性的广泛影响。中国传统文化尤其对东亚和东南亚各国产生了广泛而又深刻的影响。

中国与日本、朝鲜、越南等东亚国家的来往和交流，可以追溯到3000多年以前。这些国家多次派遣人员来中国学习和研究中国文化，回国后进行传播。中国传统文化的广泛传播，也有力地推动了这些国家文明的进步和文化的发展。

中国传统文化很早就传播到泰国、马来西亚、柬埔寨、新加坡、印度

尼西亚等东南亚国家。在公元 8 世纪前后，中国传统文化在东亚、东南亚国家的广泛传播，使这些国家与中国在思想意识、社会组织、语言文字和物质文明等方面具有共同的特征，形成了一个在地理上以中国本土为中心，在文化上以中国文化为轴心的中华文化圈。中国传统文化深刻地影响并改变了东亚、东南亚国家的文化格局，也推动了它们的社会发展和文明进程。

中国传统文化对西方世界的发展也产生过巨大影响。历史上中国传统文化在西方的传播有过两次高潮。

第一次高潮在 13 至 14 世纪期间。元朝的建立者远征西亚和欧洲大陆时，带去了中国绚烂的文化。其中指南针、印刷术、造纸术和火药四大发明的传播和应用，对于欧洲文明的振兴和发展——从黑暗的封建社会走上文艺复兴时期，有着无法估量的意义。马克思在《机器、自然力和科学的应用》中对此给予了高度评价，火药、罗盘针（指南针）、印刷术这三大发明助力资本主义社会的到来。火药把骑士阶层炸得粉碎，罗盘助其建立了殖民地并打开了世界市场，印刷术变成新教的工具，成了科学复兴的手段，变成了创造精神发展的最强大的推动力。

第二次高潮在 16 世纪末至 17 世纪初。利玛窦等西方传教士来到中国，不仅带来了西方文化，也促进了中国传统文化在西方的传播。这些传教士对中国的瓷器丝绸、园艺服饰、城市建筑等物质文化感兴趣，也对中国社会生活的政治制度、哲学艺术、文物典籍、风俗风情等进行了考察和研究，先后撰写并出版了介绍中国伦理道德、宗教信仰、历史文化、风俗礼仪的著作，翻译并出版了儒家经典著作，介绍并评价了儒家思想学说。儒家思想在西方的传播，对 18 世纪欧洲的思想启蒙运动起到了推波助澜的作用。例如，德国启蒙思想家莱布尼茨在其哲学体系中吸纳了中国儒家和理学的思想，把中国古代朴素辩证法思想融入德国古典思辨哲学中；法国启蒙思想家伏尔泰借助儒家的道德理性主义，抨击欧洲宗教非理性的狂热；现代政治经济学的创始人魁奈在启蒙运动中，受中国"天人合一"思想的启发，强调人类生活要与自然法则相契合，企图实现人道与天道合二为一。由以上可知，中国传统文化对欧洲启蒙运动产生了不可忽视的影响。总之，在历史上中国传统文化对西方世界产生了广泛而深刻的影响。

在人类社会已进入了21世纪的当下，西方世界的物质文明已经高度发达。中国传统文化并没有因为时代的变迁而失去魅力，对西方世界的吸引力非但没有减弱而且日益增强。

现代工业文明给人类带来富足和幸福的同时，也产生了一些负面的影响，诸如环境污染、人口爆炸和现代疾病等。西方世界希望能从中国传统文化中寻觅到医治"现代病"的良药，希望借助中国传统文化的力量来解决世界性的难题，并促进人类社会的正常发展。例如，第二次世界大战以后，东亚的经济发展取得了令人瞩目的成就，被称为"经济奇迹""东方的崛起"，其根本原因不仅在于这些国家都实行了促进经济发展的市场经济体制，还有一个不可忽视的因素，就是这些国家经济奇迹背后的文化根源——儒家文化，儒家文化在东亚地区经济发展中发挥了特殊的作用。有经济学家认为，东亚社会的儒家伦理是工作勤奋、敬业乐群、尊上敬长、注重协调与合作，这些儒家思想更适合现代经济发展。

（二）中国传统文化的现代价值

中国传统文化的现代价值和世界意义，早已得到有识之士的认同。1988年，诺贝尔奖获得者在巴黎举行会议并发表宣言指出，人类如果要在21世纪生存下去，就必须汲取2500年前孔子的智慧。由此可知，在新的世纪里，中国传统文化仍然具有强大的生命力，中国传统文化的现代价值已得到充分的认识。

中国传统文化的现代价值，可以从两个方面来分析。其一，是具有普适性意义的方面，即传统文化能为广大群众所理解和运用。例如，中国古代文学和古代艺术成果的现代价值不能被忽视，所蕴含的美学和社会价值具有永恒性；王羲之的书法，李白、杜甫的诗，苏东坡的词，曹雪芹的《红楼梦》，等等，不但被古代人所喜爱而且也被现代人所欣赏，并没有因为历史的演进而失去了它们的价值。在现代社会，随着人们生活水平的提高，游览名胜古迹，了解民俗风情，欣赏民族音乐和书画展览等，已经成为人们日常工作生活中不可或缺的一部分，这充分体现了传统文化在当下社会的现代价值。其二，是传统文化更加深层次的现代价值，具体指精神上、科学上的价值，这需要进行深入研究和积极探讨。例如，中国传统文化天人合一与以人为本，刚健有为与自强不息，厚德载物与中庸尚和等基本精神，必须经过研究和思考，加以继承并发扬，使之能够与现代化的发展相适应。

总之，随着时代的变迁和社会的进步，中国传统文化所蕴含的许多优秀历史文化传统，必须使它们得到弘扬和发展。这是中国文化发展的需要，也是中国现代化建设的需要。

二、中国传统文化的创造性转化，是继承和发展的实现

传统文化具有历史性、动态性，能随事推移并且与时俱进。每个时代都能发现传统文化中新的意义并做出新的解释。同时，传统文化对于现实社会又能提供历史借鉴。

从这一角度讲，对传统文化的创造性转化，是对中国传统文化的继承和发展。下面从中国传统文化的发展前景和面临的现代化挑战两个方面，来阐述传统文化的创造性转化。

（一）传统文化的发展前景，是实现创造性转化的前提

人作为社会关系的总和，决定了人性对动物性的超越，决定了以文化的形式展现人类文明的表征。基于此，传统文化以人的内心信仰和自我约束为基础，蕴藏着丰富的精神资源，为我们当下文化建设和文化实践提供了历史借鉴。因此，我们要正视传统，赋予传统文化应有的历史地位，在理解传统的基础上超越传统，在综合古今中外优秀文化遗产的平台上，建设属于现在和未来的新文化。

中国传统文化以其独具特色的精神和品格，吸引了越来越多国际友人的学术注意力。越来越多的学者以极大的热情，努力推动中国文化与各种形态文化的对话与交流，产生了广泛的国际影响。这为中国传统文化的创造性转化提供了良好的环境。传统文化的创造性转化也预示着它良好的发展前景。要实现中国传统文化良好的发展前景，就必须做到：

其一，深入挖掘传统哲学的智慧和精神，融入现代生活之中。例如，运用中国传统文化中人与自然关系的思想观念，解决环境污染和可持续发展的问题；运用传统文化中人与人、人与社会之间和谐共生的理念，解决因现代竞争和现代生活节奏过快，让现代人陷入困境的各种现实问题。

其二，在传承与发展中国传统文化精神的同时，要以包容的胸怀借鉴、吸纳西方文化体系中的积极内容和优秀成果，对当下国际思潮中提出的世界性问题做出有创见的反应。还要将传统文化的自强不息、厚德载物、刚健有为的基本精神，不断赋予新的内容，以弘扬中华民族的伟大精神。

（二）传统文化面临的现代化挑战，是实现创造性转化的动力

客观地讲，任何传统都只能说明过去，并不能代表未来。但是，这丝毫不能磨灭传统所蕴含的价值。掌握了这一对立统一的辩证法，就会发现在现实中传统的确可以发挥重要的作用。但是，不能否认的是在现代化这一客观现实面前，即使是再优秀的传统也面临着考验和挑战，必须面向未来实现创造性转化。

例如，吃苦耐劳，艰苦奋斗包括两层含义。其一，是指生活消费方面能勤俭节约，艰苦朴素，有吃苦耐劳精神。在自然经济条件下，节俭、朴素的消费方式有利于生产资料的积累和发展，有利于维持或扩大简单再生产。而在社会化大生产条件下，仍以维持自给自足和简单再生产为目的的传统消费，则会压抑、阻碍社会生产力的发展。因为消费可以刺激再生产，没有消费，社会生产力就不可能发展。其二，是指在劳动实践中有不畏辛劳、勇于克服困难的精神。该精神是永远都要发扬的。在现代化进程中，艰苦奋斗更多地表现为坚忍不拔的意志，以及研究新情况，解决新问题，勇于

创新的拼搏精神。这就是对吃苦耐劳,艰苦奋斗认识上的超越。传统观念是从体力和耐力的支出、耗费上赋予艰苦奋斗的意义,现代化则赋予了艰苦奋斗以科学性、智能性和创造性的特征。

这种变革与发展不是消灭传统,而是助力实现传统创造性转化,使中国传统文化在发展中获得现代内涵,从而形成现代化的民族传统或民族传统的现代化。离开了传统的创造性转化,只是对中华民族优秀传统进行赞美和欣赏,不仅会抑制优秀传统文化力量的正常发挥,而且还将阻碍传统文化的发展。

以张岱年为代表的"综合创新"论学派通过对中国传统文化中儒、道、墨、法、佛诸家价值原则中相斥又交融,相反又互补思想的分析,最终形成多元一体的价值体系,得出"如果对中国传统文化作一整体系统分析,我们则不能忽略其中所包含的多元价值取向"的结论。这种对中国传统文化所做出的以儒家价值取向为主,融合诸家思想,形成多元一体价值体系的分析给了我们很大启示。

现今社会古今中外多元文化的共存与交汇,是历史提供的难得的文化整合和获得新生的机会。因此,在这个伟大时代里,伴随着马列主义、毛泽东思想的深入研究和西方乃至世界各种先进文化的传入,中国传统文化的创造性转化,新文化体系的综合创建必将跃上一个新的阶段。

中国现代化作为世界现代化的重要组成部分,离不开世界文明背景的参照,更离不开对本民族文化传统进行现代意义的弘扬,也有赖于对当下人类实践精神和文化发展的积极吸纳。从世界文化一体化的视角审视,中国现代化进程中传统文化创造性转化的实现必须立足于历史的和当前的国内外文化背景。中国传统文化走向现代化的背景有以下三个最基本的层面:

其一,西方工业文明背景下的科学理性精神。西方近代理性文化的基本要素有理性至上、人性至善、个人主义、征服自然和商品经济五个方面。近代西方是一个用理性审判一切的时代,到19世纪人类对理性的崇拜达到登峰造极的程度。理性揭掉了中世纪宗教神学的面纱,还人类以理性思考的权利。当人性从神性的束缚下解放出来,注重个人价值、强调自我实现、个人利益和个人自由的个人主义,成为近代西方社会理性文化的重要标志。西方近代文明高扬个体存在的价值,把肯定自我存在的合理性作为人生的追求,强调人应该在自然与生活中弘扬至善天性。建立在等价交换原则基础上的商品关系,成为近代西方社会经济生活的最根本特征。由商品经济所导致的市场观念、利润观念、竞争观念和效率观念成为人们的共识。西方的文化思想认为,人在面对自然、认识自然、改造自然的过程中打败了自然、征服了自然,理所当然地成为自然的主宰。

其二,以反思理性为核心的20世纪文化精神。20世纪的文化发展,表现形态各异,但是对理性进行反思的总体价值取向是一致的。从总体上来看,检讨反思理性是该世纪人类文化的突出特征之一。现代西方非理性主义思潮的上扬,人文思潮的兴起都是反思理性的结果。人类工业文明对自然的征服与破坏受到了自然的报复,人类如何协调人与自然的关系,就成为20世纪文化的特征之一。协调人与自然的关系,也成为生态伦理学、核伦理学、文化哲学等的重要研究议题。人们深切地感到人类生存危机的根源是精神危机,重建人类精神文化家园是必须的。注重精神文化价值成为20世纪文化的特征之一。全球一体化的到来,使20世纪文化具有了全球意识的特征。人们开始树立,人类只有一个地球,地球是我们共同家园的观念。

其三,中国传统文化的基本精神(参见"第四章中国传统文化的基本精神",不再赘述)。

面临现代化挑战的中国传统文化,要实现创造性转化,必须冷静地分析所处的文化背景。只有如此,才能富有成效地建设具有民族性和时代性的社会主义先进文化,才能使中国传统文化走向民族性与现代性互相诠释、互相融合的新阶段。

第七章 中国传统文化数字化系统的搭建

第一节 民族文化数字化系统的概述

民族文化从不同侧面反映了一个民族传承和创造的历史脉络、经济状况和文化心理，对特定民族共同心理的认定及对文化多样性和创造性保护都有着非常重要的意义。在信息化已通过其广泛的传播方式和功能要求而获得受众认可的今天，信息化与民族文化结合这一形式也已经慢慢随着民族文化思潮而受到重视，而民族文化在植入数字化中的现存问题，也将改变其原有的意识形态，进入一个新的层面。

数字化展示技术就现在来说，算是一项新的技术手段。国内数字化的网站数量也在不断增加。由中国文化部主管和中国艺术院主办的非物质文化遗产网站，自 2006 年 8 月 1 日发出的第一个公告"文化部办公厅关于申报第一批国家级非物质文化遗产项目保护专项经费预算事项的通知"以来，截至 2022 年 8 月 10 日发布"中国好手艺展"展品征集公告，据不完全统计共有 163 个公告。11 年以来，每年近 9 个公告，公告内容与时俱进，内容具有较高的权威性。不过省级非物质文化遗产类的网站涌现不少，可查到 26 个，但仍然不全。但不少网站商业气息很浓，广告较多，真正有价值的内容还是不够。随着社会经济的快速发展，联合国教科文组织对少数民族非物质文化遗产的重视等等，人们也开始把需求转向精神文明层面，尤其是民族文化的保护与传承上。在政府和群众的双重渴求下，民族文化数字化系统的出现也正是迎合这种渐渐开始的潮流。而民族文化数字化系统设计也使得民族文化传播的效率越来越高,越来越直观。

第二节 民族文化数字化系统研究开发思路与目的

一、系统研究开发思路

民族文化数字化系统研究思路如图 7-1 所示:

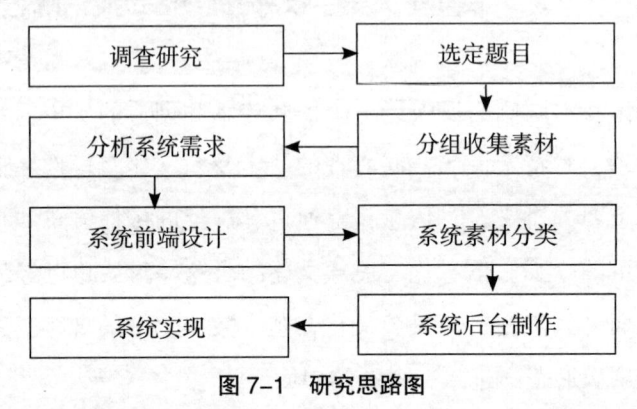

```
调查研究 ──→ 选定题目
  ↑             ↓
分析系统需求 ←── 分组收集素材
  ↓
系统前端设计 ──→ 系统素材分类
  ↓
系统实现 ←── 系统后台制作
```

图 7-1 研究思路图

二、系统研究开发目的

系统研究开发目的有三点:一是总体目标为构建一个数字化、民族化、交互性的民族文化网上展示系统,同时集成了留言、公告、3D 漫游等功能;二是使系统的需求完善,并系统化地对民族进行解读与理解,避免对文化交流的错误理解,对系统开发者来说,也是一个了解并学习民族文化的机会;三是使系统个性化,在提供民族文化展示的同时,用户也可以畅所欲言,表达自己的见解。

三、小结

总的来说,该系统具有很强的交互性。而作为大众传播媒介的报刊、广播、电视，其信息的传播具有单向性、信息反馈不方便和交互性较差等。交互性是我们民族文化数字化技术所要突出的优势。

第三节　系统分析

一、需求分析

民族文化数字化系统是一个展示民族文化的系统，它结合了3D建模与3D动画技术，有效地把文化具象化，把文化用现代的语音表达出来。因为不同民族文化表达方式、人民生活习惯不同，所以系统的开发理念也应该是不一样的。

我们做的是民族文化中的少数民族文化，其中包含了55个民族，当然不可能全部都做。所以我们选择了回族、畲族、满族三个民族为代表进行系统地设计展示。民族文化内容是多种多样的，所以当我们把文化元素呈现在系统中时，用户也不会感到乏味，内容新奇也是民族文化系统的一个最大的亮点。其中有与民族文化内容有关的通知，也是对文化的一种宣传。当然作为交互系统，最主要的功能是用户与我们交互，所以在系统中也要设置留言板块，让用户能有与我们交流的机会，而其中的留言我们给予反馈，让用户得到我们的心意。民族文化多而杂，不可能一次在系统中表达出来，所以我们需要对系统中的民族文化内容设计更新的体系。

二、可行性分析

可行性分析是在开发一个系统前必须要考虑的事情。每个系统的开发都有一个大前提，就是可行与可不行，即系统中的各个功能可不可实现。

本次的民族文化数字化交互系统的研究是在各个类似的网站经过借鉴得到的命题。在借鉴网站的基础上，对系统各个模块的设计提出思路。无论是留言、公告，还是素材展示，在现有的 3D 网上博物馆都有类似的模式成分。所以在可行性方面，民族文化数字化交互系统及各个板块都是可行的。

本系统采用的开发语言是 JSP 语言和 HTML5，开发平台为 eclipse，后台数据库是 MySQL，这些技术都是非常成熟的技术，无数系统开发人员都对这些技术进行过亲身的体验，并且留下了很多有用的经验，也留下了很多我们可以借鉴的成果。这些技术因为经过验证，性能方面经受了无数人的考验，受欢迎的程度高，具有很多优点，使用起来也是比较方便的。在开发过程中如果遇到了问题，可以参考的资料很多。而且会有很多前辈熟悉这些技术，如果网络上没有解决的问题，也可以请教这些前辈们，帮助我们解决开发时遇到的困难。Eclipse 作为主流的开发软件，结构清晰，调试方便，能快速地找到开发时遇到的漏洞并给予我们解决方案，用这个平台进行开发可以为我们节省很多时间。

本系统以 JSP 与 HTML5 为开发语言。对于 JSP 来说，它的三层架构简单清楚，并且能很好地跟前端开发主流语言 HTML5 进行兼容，写好的前端代码可以直接镶嵌到 JSP 文件中，不用对 HTML5 做太多的操作。当然 JSP 的三层架构也是一种现在比较流行的开发模式，它有界面设计、逻辑处理、数据库操作三个部分，每一份代码分开处理，通过 request 进行数据的传递与赋予。这样的模式逻辑清楚、代码分明，为系统开发这种本来逻辑思维就复杂的工作减少了压力。

三、小结

需求分析作为系统设计的第一步，它的结果反映了系统的整体结构与系统能给予用户的体验，这就表示它会在很大程度上影响之后各个阶段的分析设计工作，也关系到设计结果是否有效和合理。可以说，需求分析是开发系统之前一定要进行的工作。

第四节　系统流程分析

本系统分普通用户、会员用户、管理员三个模式。普通用户可以对网站进行浏览；会员用户可以对系统中存在的问题及感受通过留言板发布出去；而管理员就对留言进行反馈，而且对公告进行管理、修改、添加、删除操作。此外，管理员还对民族文化的展示内容进行更新素材、更新文章等操作。

普通用户浏览系统流程图。当用户进入系统时不用注册登录就可以直接浏览网站，但是不能对网站进行任何操作，在网站中不留下任何记录。

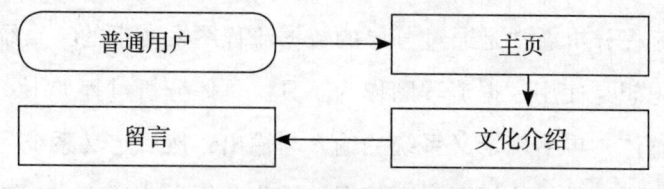

图 7-2　普通用户流程图

会员用户浏览系统流程图。会员用户一开始也是普通用户，登录之后，系统就承认其是会员用户，此时该会员用户可以在留言模块进行留言的发布。

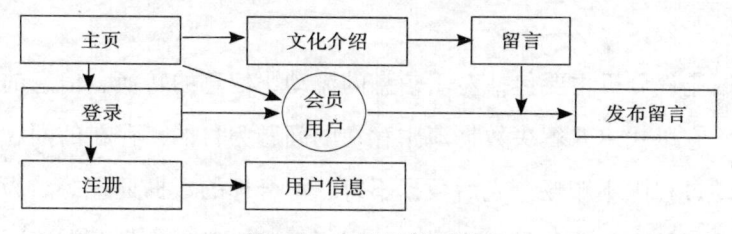

图 7-3　会员用户流程图

管理员浏览系统流程图。系统通过管理员成员表来判断其是否为管理员，通过确认后，管理员行使前述各项职责。

图 7-4　管理员流程图

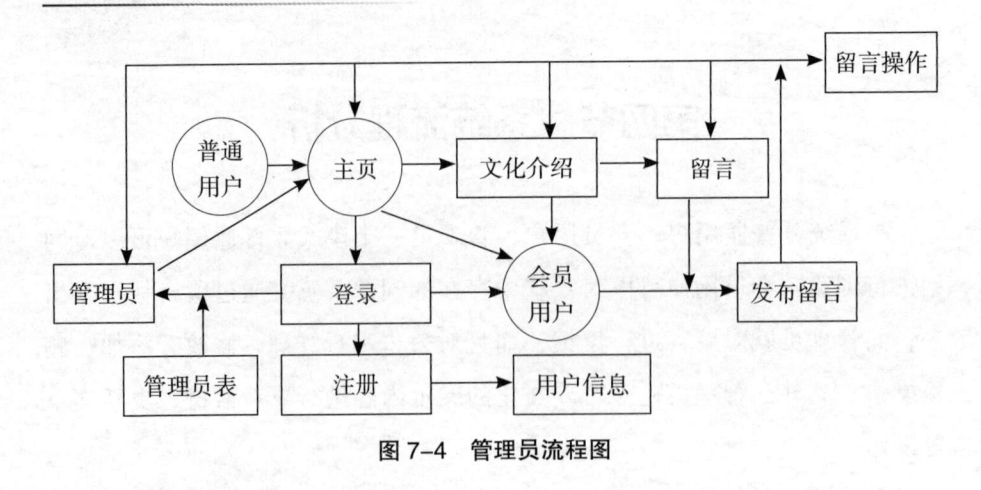

一、数据流程分析

　　数据流程分析通常是通过分层的数据流程图来实现的，系统分析员与用户交流思想是使用数据流程图作为工具。具体分析过程如下：先将系统作为一个整体，再明确定义系统的输入与输出，然后定义系统的边界，最后绘制出顶层的数据流程图，再根据结构化分析方法的方式，使系统被分解为相对独立的子系统，找到各个子系统的输入数据流和输出数据流，并分析出输出数据流的去向与输入数据流的来源，使用数据流把子系统、数据源和数据终点连接起来。重复下去，在分解成不可以再分的功能模块时停止。

　　数据流程分析主要包括对于信息的流动、信息的转换、信息的存储等的分析。它以找出并解决数据流中存在的问题为目的，存在的问题包括：数据流动过程中不顺畅、先后数据不符、不合理的数据处理等。为什么会产生这些问题呢？首先是因为混乱的现行管理，流程本身存在着问题。其次可能是因为调查了解得到的流程存在错误或者做图出现问题。目的是想让系统的问题尽可能地展示出来，同时找到相应的方法进行解决。

二、数据流程图

本次分析画出了系统的三层架构数据流程图,用来表述系统中数据流的流入流出动态,使我们更好地了解系统功能。

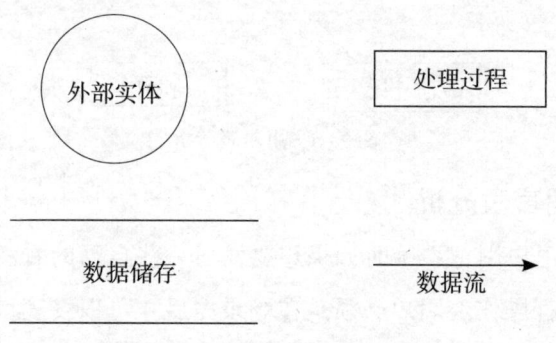

图 7-5 数据流程图符号说明

三、数据分析

作为一个系统来说,数据分析就是系统对用户需求的定位,通过用户需求来对数据进行整理归位。所以上面提到过,我们的系统需求就是为每个对民族文化感兴趣的用户提供一个平台,在平台中有各种的少数民族文化的内容,用户通过平台可以系统地了解到少数民族文化。所以根据需求我们把数据分成四类:用户、公告、留言、民族。

(一)用户数据

通过每个游客在我们系统中注册一个用户,来达到收集用户数据的效果。其中的用户数据包含:昵称、登录密码、性别、真实姓名、手机号码、邮箱六种基本信息。而每个用户表都有一个外接的留言表,以供用户能够在留言板块中发表,我们负责收集工作。综上所述,我们的用户信息表如图所示:

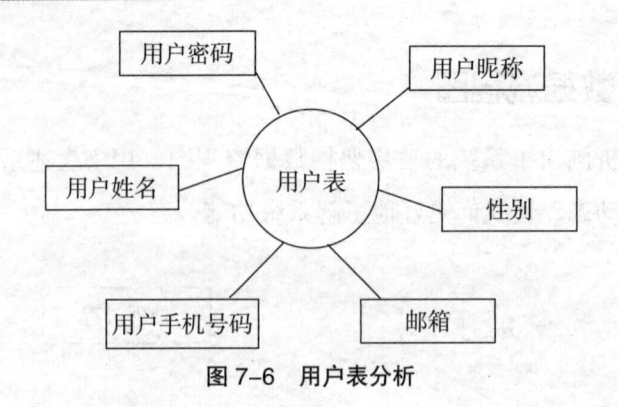

```
         用户密码                  用户昵称

   用户姓名          用户表          性别

         用户手机号码        邮箱
```

图 7-6　用户表分析

（二）留言表分析

留言表是用户浏览系统时如果想要发表一些自己的看法，就可以在留言板块进行留言操作。用户必须是在登录完后才可以发表留言，当留言发表后，我们就可以通过登录时的昵称来对用户进行定位，进而建立一个留言表来存储你的留言信息，当然你的留言可以在管理员管理网站时给予回复。

综上所述，我们可以得到如图所示的结构：

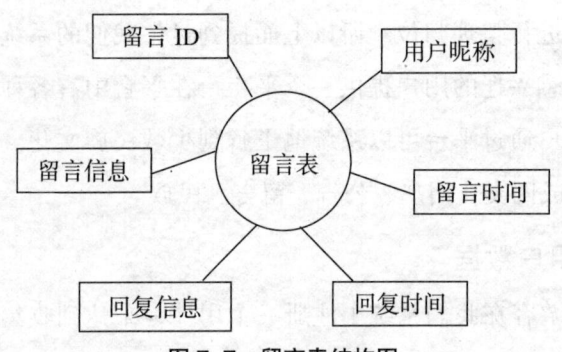

```
         留言 ID                   用户昵称

   留言信息          留言表          留言时间

         回复信息          回复时间
```

图 7-7　留言表结构图

（三）公告表

系统上有一个公告的模块，只能由管理员进行数据的操作，通过对公告的增、删、改来实现公告的随时更新。用户通过公告模块来了解当今民族文化的各种资讯，让用户对于民族文化有着扩展性的认识。所得出的结构图如图所示：

图 7-8 公告结构图

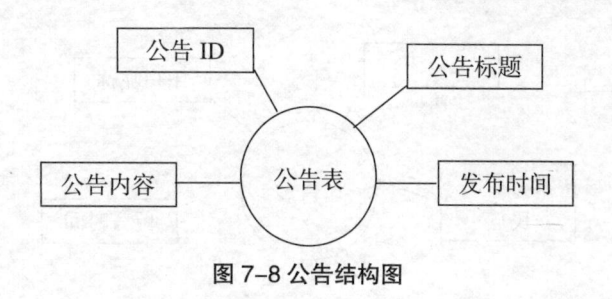

（四）民族表分析

民族表为系统的主题内容，不可能是一张表就可以概述清楚的，所以我们把它细分成三个表：民族基本信息表、民族素材表、素材类别表。其中，民族基本信息表是通过对少数民族信息的收集分析来得到民族的基本信息。我们对基本信息进行分类得到民族文化最基本的文化具象化体现分别是三个内容模块：少数民族文化通过这三个模块内容就很好地展现了一个民族基本的精神面貌和艺术上的区别。这让本来就抽象的文化形态更加地结构化，也让人更好地了解民族之间的区别。民族素材表是对素材的整理与区分，上面说到我们概括一个民族的文化主要是通过服饰、生活习俗、工艺品三个方面。所以我们的素材也是根据这三个方面来收集整理的。这就出现了另一个功能素材类别表，让素材的输入更加简单。素材包括图片、视频，以图片为主，并对每个图片进行一段简单的讲述，主要讲述图片中内容的含义及所体现的民族特色。综上所述，如图所示：

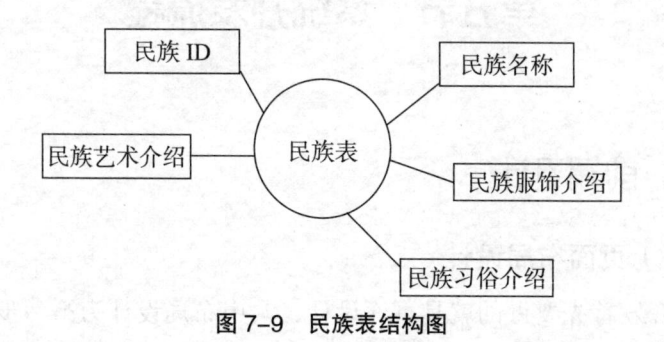

图 7-9 民族表结构图

图 7-10　素材表结构图

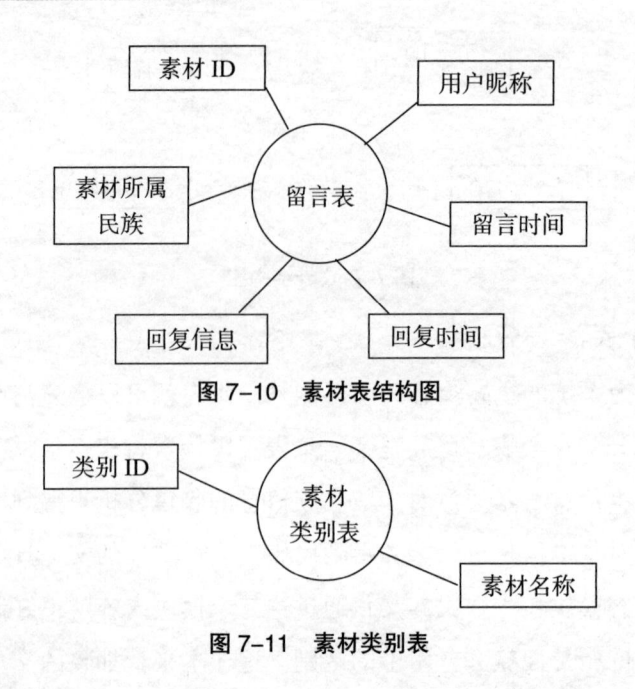

图 7-11　素材类别表

四、小结

数据为系统的前提，所以在面对庞大的数据时，对数据有着清晰的认识，并对数据进行分析，在开发的时候就可以省去很多的麻烦。系统开发本来就对逻辑要求比较高，可不能因为这一小小的数据分析而徒增烦恼。

第五节　系统开发流程

一、前端设计

（一）页面布局设计

系统开发首先要做的就是页面设计，其中布局设计为第一步。现在的网页结构都是两种——上下结构和左右结构。其中的区别就是：因为一个网页由宽和高组成一个窗口，无论一个网页有多高，我们都可以通过鼠标来上下滚动；如果网页宽度太长，我们左右滚动就显得非常麻烦。所以，一个网站的宽度可以说尽量要固定在一个范围，而高度就比宽度的要求少很多了。所以当用上下结构时，导航栏在顶部，导航栏的宽度就那么大，导航的数据信息就相应地少了，所以如果内容分类比较少，而每个分类的内容又挺多的时候，就用上下结构。反之，左右结构的导航栏在左侧或者右侧，它的导航分类信息很多是不会受到影响的。但是导航栏占了一个页面的宽度，它要表现的内容就相对地要少了。所以左右结构适合内容分类比较多，而每个分类的内容少的时候。根据上面讲述的内容，再结合我们系统的实际情况，我们系统分类少，而每个分类的内容多，所以就选择上下结构。设想如图所示：

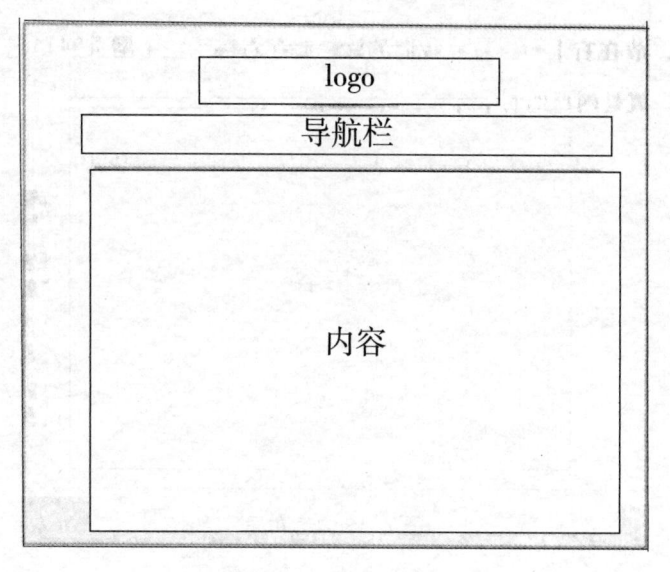

图 7-12　整体布局图

（二）内容布局设计

我们的网页分为三个页面：主页、文化介绍、3D展厅。首先是主页的设计，既要引人注目，又要突出主题。我们借鉴了许多网站，如淘宝、京东、斗鱼等网站，一进去看到的都是一张一张好看的图片。图片是我们最能快速接收的信息，如果换成视频、文字都需要花费一定的时间去阅读它们要表达的内容。所以我们一开始也采用的是以图片为切入点，并加上对图片的切换来表现我们系统的大概的内容。因为我们选取了满族、畲族、回族三个民族，所以文化介绍主要是对这三个民族进行的。到现在回顾一下，发现没有登录注册、公告、用户信息等模块？对的，这些模块在三个主页面中都有用到，所以在单独的页面中我们没有考虑这个问题。而现在，三个页面的内容都设计好了就要考虑这些了，放在哪儿才能让用户无论浏览哪个页面都能登录注册和留言呢？我们考虑的是放在右上角。首先我们的鼠标放在右侧，一个网页网友点击得最多的就是网页的右半部分，所以如图所示：

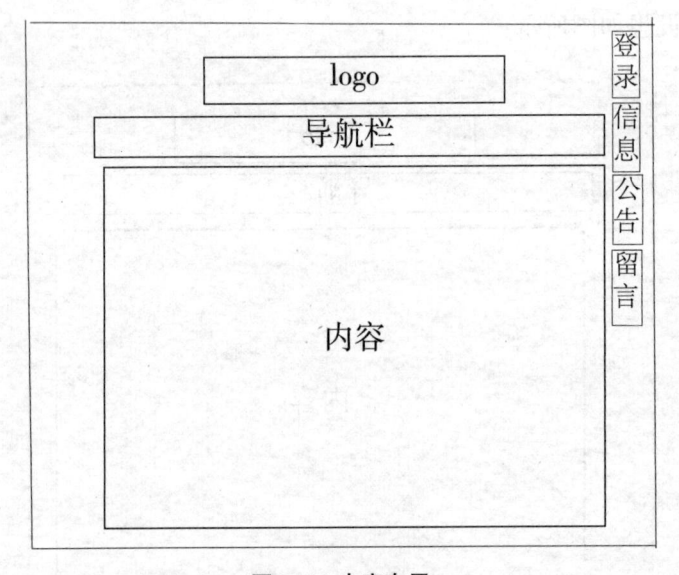

图 7-13 内容布局

第八章 传统文化数字化保护的内容与手段

非物质文化遗产是人类智慧的结晶，也是人类文明的宝贵财富，保存着各个地方独有的文化特点和历史传承。它所包括的口头文学及其语言载体、传统表演艺术、民俗礼仪与节庆、有关自然界和宇宙的民间知识与实践、传统手工艺技能以及相应的活动场所等，既是人类文化多样性的重要体现，又是中华民族繁衍中生产、生活以及娱乐方式的体现，又是中国历史的有力见证。传统的保护方式不能满足非物质文化遗产保护的各项内容，用数字化的方式保护与传承非物质文化遗产，是促进社会主义文化大发展大繁荣的必然要求。2005年，在国务院办公厅发布《国务院办公厅关于加强我国非物质文化遗产保护工作的意见》明确提出"要运用文字、录音、录像、数字化多媒体等各种方式，对非物质文化遗产进行真实、系统和全面地记录，建立档案和数据库"。自此以后，我国的非物质文化遗产数字化保护工作才算是正式全面起步。

第一节 数字化保护意义

在数字化时代，信息爆炸式增长成为现实，不仅改变了人们对信息的接受和处理方式，而且也改变了文化传承和创新的路径。随着非物质文化遗产保护工作的不断推进，开始运用文字、录音、录像、多媒体等现代化科技手段对珍贵、濒危并具有历史价值的非物质文化遗产进行真实、系统和全面地记录，同时，建立档案和数据库是"非遗"保护工程的主要实施内容之一。当前，对非物质文化遗产的抢救和保护已经刻不容缓，数字化为实现非物质文化遗产的保护和展示提供了无限空间。数字化保护在非物质文化遗产保护中的应用，是对以传承人口手相传为核心的传统保护方式的辅助与补充。

一、信息资源交互，扩大非物质文化遗产保护的时空限制

非物质文化遗产是鲜活的文化，具有原生态的文化基因，通过信息交互，挖掘非物质文化遗产资源的文化内涵、探究文化价值是非物质文化遗产深层次开发的需求。数字化展示能使普通人更好地了解非物质文化遗产所体现的该民族独具特色的历史文化发展踪迹，从而达到扩大视野，增加知识的良好效果。

北京电子科技职业学院主持建设的"国家级民族文化传承与创新专业教学资源库建设项目"，是传统金属工艺与泥塑工艺美术子库针对每种"非遗"项目开发图文素材、音视频、动画、电子读物、教学案例、微课程、专业课程、互动产品等12种数字化教学资源的项目，满足儿童、青少年用户、社会爱好者、专业学习者、行业从业者和专业教师的不同需求，是非物质文化遗产项目数字化保护应用和教育化传承创新中较为成功的案例。

二、非物质文化遗产保护的科技化，使得非物质文化遗产传承具有广泛性

非物质文化遗产的数字化保护能让我们更好地利用技术手段，对实现经济社会的全面、协调、可持续发展具有重要意义。通过数字化保护文化遗产，来保持民族文化的传承，是连接民族情感、增进民族团结和维护国家统一及社会稳定的重要文化基础。文化遗产的保护工作，要与时俱进，可以通过科技手段使普通大众了解非物质文化遗产，以及相关文化的人文关怀，加强非物质文化遗产与普通民众的关系。非物质文化遗产的数字化

保护使古老的艺术形式得以用立体的多维度的方式记录，实现可持续的经济、文化的全面协调发展。充分利用计算机技术、网络技术的便利，开设相关门户网站，把珍贵文献数字化，并建立海量数据库，以便珍贵文献遗产的全世界共享。

"民族文化传承与创新专业教学资源库建设项目"结合不同层次的需求与接受习惯，通过信息技术、多媒体技术、网络技术与"非遗"传统技艺相结合，为各个层次的用户量身订制了数字化的教学资源、选择适合自己的学习路径和不同层次的目标，并多次面向院校、企业和社会进行推广，并面向国际传播，产生较好的市场预期和社会反响。同时还要开发微信公众平台，通过移动互联网向社会推广和传播中华传统文化。

三、加强社会化服务，拓展非物质文化遗产的应用领域

非物质文化遗产蕴涵着巨大的经济价值，可以通过现代数字化设计手段，对传统工艺品进行重新设计包装，使其成为旅游商品，旅游者购买当地的旅游商品，可对当地产生巨大的经济效益，从而拉动经济增长。地方区域旅游地通过对民间艺术真实地展演、对民俗文化虚拟展示的旅游开发，能更好地提高旅游地的知名度。与此同时，联合行业或企业，加大优质资源市场推广力度，扩大资源应用范围。非物质文化遗产中包含了丰富的历史知识、科学知识和艺术精品资源，是教育的重要知识来源。面向中小学，运用多媒体技术，开发传统文化体验产品，包括传统文化知识、作品赏析、体验制作模块及体验室配置标准等，润物细无声式地向中小学生传播中华优秀传统文化，树立文化自信、践行文化自觉从娃娃抓起。

"民族文化传承与创新专业教学资源库建设项目"以国家级非物质文化遗产项目为载体，构建民族文化传承创新资源建设技艺传承、机制创新、成果转化、创业实践、教育传播、政校企行联动、市场开发等多个产、学、研、用一体化多元平台，形成了民族文化传承创新的长效机制。按产业需

要，聚焦应用，对应专业建设需要，建设专业创新研发中心，联建"非遗"保护与传播中心，扩建技艺大师传承工作室，完善校内外专业创作实践与研发基地，培养民族技艺传承创新职业人。

四、提供数字化保护方法，为非物质文化遗产数字化建设积累经验

（1）建档：通过数字手段搜集、记录、分类、编目等方式，采集素材并加工整理，为申报项目建立完整的档案。

（2）保存：用文字、录音、录像、数字化多媒体手段和技术，提高资源建设质量，对保护对象进行真实、全面、系统的记录，并积极搜集相关实物资料，选定有关机构妥善保存并合理利用。

（3）传承：通过教育平台数字化网络教学和学校多媒体教育等途径，以扩大学习受众范围，使该项非物质文化遗产的传承后继有人，能够继续作为活的文化传统在相关地区，尤其是在青少年当中得到继承和发扬。

（4）传播：利用节日活动、展览、观摩、培训、专业性研讨等形式，通过大众传媒和互联网的宣传，以及不同媒体进行的传播，加深了公众对该项遗产的了解和认识，促进社会共享。

（5）保护：采取切实可行的具体措施，以保证该项非物质文化遗产及其智力成果得到保存、传承和发展，拓宽应用领域范围，保护该项遗产的传承人（团体）对其世代相传的文化表现形式和文化空间所享有的权益，尤其要防止对非物质文化遗产的误解、歪曲或滥用。

非物质文化遗产既是历史发展的见证，又是珍贵的、具有重要价值的文化资源。实现对非物质文化遗产的数字化保护，可使得民族古老的生命记忆和活态的文化基因库得以保存，传承民族智慧和民族精神，可以最大限度地保留了中华民族特有的精神价值、思维方式和想象力，体现中华民族的生命力和创造力。

第二节 数字化保护内容

根据《保护非物质文化遗产公约》的规定,非物质文化遗产的范围如下:(1)口头传统,包括作为文化载体的语言;(2)传统表演艺术;(3)民俗活动、礼仪、节庆;(4)有关自然界和宇宙的民间传统知识和实践;(5)传统手工艺技能;(6)与上述表现形式相关的文化空间。非物质文化遗产的"保护"指采取措施,确保非物质文化遗产的生命力,包括这种遗产各个方面的确认、立档、研究、保存、保护、宣传(可以通过正规和非正规的教育实践开展)、弘扬传承和振兴等工作。非物质文化遗产数字化保护就是对非物质文化遗产范围内的相关遗产进行数字化收集、整理和加工。

一、非物质文化遗产的信息收集

认真开展非物质文化遗产普查工作。将普查到的非物质文化遗产内容进行统一部署、有序进行。要在充分利用已有工作成果和研究成果的基础上,分地区、分类别地制订普查工作方案,组织开展对非物质文化遗产现状的调查,数字化记录各地各民族非物质文化遗产资源的种类、数量、分布状况、生存环境、保护现状及存在问题,通过运用文字、录音、录像、数字化多媒体等各种方式,对非物质文化遗产进行真实、系统和全面的记录。目前,"民族文化传承与创新专业教学资源库建设项目"的"非遗"素材信息中心已完成图文、音视频合计18760项。

二、建立非物质文化遗产信息资源数据库

(一)建立非物质文化遗产及其传承人档案数据库

传承人是直接参与非物质文化遗产传承、使非物质文化遗产能够沿袭

的个人或群体（团体），是非物质文化遗产最重要的活态载体。建立"非遗"及其传承人档案数据库，是以数字技术进行非物质文化遗产保护工作的重要内容。我国非物质文化遗产的传承链十分脆弱，传承人的生存状况不容乐观。国家级代表性传承人大部分年龄在60岁以上，且不少体弱多病者，后继乏人。由于许多传统技艺难度高、强度大、耗时多、收入低，很少有人愿意学，不少民间艺术大师面临无弟子或弟子太少的尴尬境地。"非遗"大多是民间项目，艺人祖辈口口相传，以家族传承形式为多见，没有完整的记录，许多工艺流程和发展历程现已无法还原，对民间艺术进行数字化记录和调查，能够在当代艺人回忆的基础上建立数据库。

利用数字化方式保护非物质文化遗产，既节省了保存的物理空间，又可以方便灵活地对保存资源进行修饰、编辑、补充、排序和索引等处理。把已经完成数字化工作的非物质文化遗产资源上传到互联网，建立非物质文化遗产音像、电子图书资料库、专题数据库或网站等，可供读者方便、快速地进行查找、观赏、检索和利用。数据库建设门户网站，及时传递"非遗"信息，宣传"非遗"保护理念，包括传人介绍和传人所获成绩等。在对传承人进行宣传展示的同时，还要普及"非遗"知识，包括"非遗"传承基地、"非遗"产业基地、"非遗"生态保护区和民族民间艺术之乡等地区性保护载体的工作情况介绍。

（二）建立非物质文化遗产研究周边数据库

我国的非物质文化遗产既包含丰富的内容和形式，又与特定的生态环境相依存。为了使民间原生态非物质文化遗产能够存活下来，就必须重视与其紧密相依的文化生态环境的保护。在今天的时代条件下，要使活态的民间非物质文化遗产保持原始自然状态是不太可能的，但在一个局部的特殊环境中，采取相应措施，使原生态民间非物质文化遗产存活较长时间，则完全可能。建立文化生态保护区是文化遗产保护工作的新尝试，要做好这项工作还需要在实践中积极探索、积累经验。文旅部实施的试点先行、以点带面的做法，将有效推动这项工作顺利开展。建立民族文化生态保护区（村），既可为非物质文化遗产的保护设立屏障，又能将民族文化遗产的真实状态保存在所属的环境之中，使之成为"活文化"。物质文化遗产（古建筑、历史街区与村镇、传统民居及历史遗迹等）和非物质文化遗产相依相存，并与人们的生产生活紧密相关，与自然环境、经济环境、社会环境和生态环境和谐共处。对不能建立文化生态保护区的地区要尽快进行数字化采集。

在对凤翔南小里村木版年画进行采集素材时，笔者发现非物质文化遗产的保护与传承依然面临着严峻的形势。随着现代化的迅猛发展，农耕文明正在迅速瓦解，人们生活方式的改变和商业行为的侵蚀等，都对非物质文化遗产的保护和传承构成了严重威胁。剪纸、年画、皮影等传统的民间文化已逐渐丧失了赖以生存的环境，南小里村的村庄面貌与十多年前相比已经发生了巨大变化，许多民俗都在消亡、变异，非物质文化遗产的典型器物有的正在毁灭，无数珍稀罕见的民俗技艺和民间文艺伴随着老艺人的逝去而销声匿迹，"非遗"研究周边数字化数据库建设刻不容缓，非物质文化遗产保护与传承工作亟待加强。

三、组建非物质文化遗产研究基地

数字技术的应用有利于从整体上来拓展非物质文化遗产保护的思路，可以提升展示和研究水平。应用范围包括建立数字化非物质文化遗产展示系统（主要应用于科技馆、博物馆、展览馆、美术馆等场所），利用捕捉技术，为全方位、多角度地观察、分析、研究民间舞蹈、传统竞技等"非遗"项目提供方便。同时，提供的三维动作数据可直接应用于动画、网络游戏等数字产业内容，可为非物质文化遗产由资源走向产业开发搭建起技术平台；通过开发计算机辅助设计系统，许多非物质文化遗产可以在积极利用中得到传承和光大。

"民族文化传承与创新专业教学资源库建设项目"能够发挥校园优势，依托重点软件企业，以项目带动为重点，联合科研机构、软件企业和相关文化单位联合攻关，积极开发非物质文化遗产保护的数字应用技术，促进信息产业与文化产业的融合，实现非物质文化遗产保护由传统向现代的跨越。该项目建设了"非遗"素材信息中心、互动体验传播中心、课程建设应用中心、教学资源转换中心、展示交流学习中心、创作转化推广中心等6大资源中心，形成满足于不同用户的自主学习平台、教育教学平台和推广应用平台。对教学模式进行新的探索，创新"走、看、知、临、悟、用"——艺术理论课学习六步法。创新"双轨交互并行"项目化教学模式。跨媒体、跨终端开发多种可学、易学、乐学的非物质文化遗产学习资源，思考和设计非物质文化遗产项目学习路径，满足不同用户需要。同时，资源库建设成果不断向应用研究领域深化，向市场转化，校企合作，以职业教育民族文化传承与创新专业教学资源库项目为载体，构建民族文化传承创新资源建设、技艺传承、机制创新、成果转化、创业实践、教育传播、政校企行联动、市场开发等8个产、学、研、用一体化多元平台，形成民族文化传承创新的长效机制。让"非遗"进校园、进课堂、进教材，入脑、入心、入手，在保护中传承，在传承中创新。通过专业守艺、大师传艺、学生学艺、师生用艺、师生展艺、多方弘艺的"六艺"贯通模式，在培养民族文化传承创新职业人方面做了许多有益的探索与实践。"

第三节　数字化保护准则和原则

根据《国务院办公厅关于加强我国非物质文化遗产保护工作的意见》，非物质文化遗产保护工作的目标和方针是通过全社会的努力，并逐步建立起比较完备的、有中国特色的非物质文化遗产保护制度，使我国珍贵、濒危并具有历史、文化和科学价值的非物质文化遗产得到有效保护，并得以传承和发扬。工作指导方针是保护为主、抢救第一、合理利用、传承发展。正确处理保护和利用的关系，坚持非物质文化遗产保护的真实性和整体性，在有效保护的前提下合理利用，以防止对非物质文化遗产的误解、歪曲或滥用。在科学认定的基础上，采取有力措施，使非物质文化遗产在全社会得到确认、尊重和弘扬。工作原则是政府主导、社会参与，明确职责、形成合力；长远规划、分步实施，点面结合、讲求突破。

一、数字化保护标准

为了保证国家级民族文化传承与创新专业教学资源库的有效开发和普及共享，根据《教育部关于确定职业教育专业教学资源库2013年度立项建设项目的通知》（教职成函[2013]9号）精神，参照《国家级精品资源共享课建设技术要求（2012年）》，国家级民族文化传承与创新专业教学资源库资源建设应符合其中要求的格式与技术要求。

二、数字化保护原则

随着我国综合国力的不断增强，政府部门把非物质文化遗产保护工作纳入重要议事日程，给予高度重视。为了有力推动非物质文化遗产保护工作，我国逐步建立起科学的管理机制。国家设立了由文化部牵头、九个部委组成的非物质文化遗产保护工作部际联席会议制度，统一协调解决非物质文化遗产保护工作中的重大问题。

（一）记录采集真实性原则

非物质文化遗产具有非物质性、传承性、无形性和鲜明的地域性等特点，反映了不同民族、种群的文化差异。在数字化保护过程中，需要真实客观地进行反映，要遵循"最小干预原则"，能够最大限度地体现它的真实性。文化部设立了非物质文化遗产司，成立了中国非物质文化遗产保护中心。各省区市及所属的地市县也纷纷建立了相应的工作机构，统一协调和领导本地区非物质文化遗产保护工作。如实记录非物质文化遗产的原貌及其客观存在的表现形式、结构、过程、工艺等，使数字化保存的非物质文化遗产是原创的、特定的、排他的。如对口头传说和表述、社会风俗、礼仪、节庆、表演艺术及传统的手工艺技艺等，都要如实地进行记录保存，特别是记载非语言的声音，如鼓声、吟唱和音乐等，更要以最保真的数字化形式保存下来，否则就会失传和失音了。

（二）保护技术创新性原则

数字化保护非物质文化遗产的目的之一是为了促进人类社会的文化创新，先进的信息技术和软件技术为创新性地保护非物质文化遗产提供了可操作平台。在保护基础上进行创新性的发展，是最具文化延续性和创造力的保护。一方面可运用现代数字技术，以声光色电来再现非物质文化遗产的神韵；另一方面，可在非物质文化遗产的内容上丰富、形式上更新，推进非物质文化遗产项目的广泛传播和传承。可以利用三维数字设备和软件，根据光学错觉原理，将实景造型和幻影的光学成像结合，将多种信息融于真实的生活场景之中，把悠久的文物（历史的遗迹、历史事件的实物见证）放置到虚拟、生动再现的历史氛围之中，配上声音、灯光、模型等，以获得幻影与实景造型结合并相互作用的逼真效果，使人有身临其境的感觉。利用先进的多媒体技术和计算机控制技术，配备采集的大量数据信息和场地支持，特别适合对非物质文化遗产中的民间舞蹈类等规模较大的集会进行全方位的录制。创新性保护非物质文化遗产有别于地方民俗博物馆对非物质文化遗产的传统的静态的保护方式，能充分表现文化遗产的活态化，是信息收集存储向活态知识延伸的表现。

（三）参与人员专业化原则

非物质文化遗产涵盖的领域广泛，形式多样，内容丰富，涉及众多学科，有其特定的历史背景、历史渊源，有特定的内容和表现形式，以及传承发展和现状等，只有健全国家、省、市、县四级责任明确、运转协调的工作机制，分级负责，层层落实，才能使这项工作正常开展。要有效、有序地开展非物质文化遗产的保护与传承工作，机构和队伍不可缺少。只有拥有一大批具有专业素养和工作能力的从业人员，保护工作才能落到实处。同时，非物质文化遗产数字化也需要音视频录制、图像处理、存储及显示、网络传输及检索下载等技术来实现，这些都需要有专业的技术及设备和专业人才来支撑，专业化程度要求非常高，专业化的硬软件设备和专业化人才缺一不可。专业化原则贯穿非物质文化遗产数字化保护的始终，是有效实现非物质文化遗产数字化保护的关键所在。

（四）知识产权保护原则

坚持立法保护与政策保障相结合，政府保护与民间保护相结合，决策系统与咨询系统相结合，财政投入与民间资金相结合，地方立法与国家法规相结合。能够进一步加快图书馆、档案馆、博物馆、文化馆、科技馆等公共文化服务机构之间在非物质文化遗产数字化保护领域的合作。图书馆拥有强大的信息资源服务平台、档案馆的资源是真实的客观记录、博物馆的收藏则能给予公众立体化的实物展示，它们可以通过资源整合、集成平台搭建、联合服务等方式构成全面而强大的非物质文化遗产数字化服务体系，极大提升非物质文化遗产资源的数字化服务平台。地方高校图书馆对非物质文化遗产进行数字化保护后，作为图书馆数字资源的组成部分，用户可以随时随地通过网络终端对其数字资源进行浏览、下载、打印，来获取所需要的知识和信息。非物质文化遗产数字化保护的目的是为公众提供更多、更好的公共文化产品。在这过程中，可能会涉及版权、知识产权保护等问题，如保护传承人的经济利益不受到损害、保护产品的原生态不被随意更改、防止产品被随意下载并出版和发行的商业行为等。在记录与传播过程中要严格遵守有关非物质文化遗产保护的法律法规，如《中华人民共和国非物质文化遗产法》《著作权法》等，切实做好非物质文化遗产的知识产权保护工作，尽量避免非物质文化遗产的产权受到损害。

第四节　数字化保护手段

在抢救与保护非物质文化遗产的实践中，我国政府和各级非物质文化遗产保护工作机构不仅坚持正确的保护原则和保护理念，而且注重在实践中摸索规律、积累经验，初步探索出一些具有中国特色、成效显著的保护方式。就非物质文化遗产的保护而言，实施整体性、综合性的保护方式，其中活态传承是核心，使之与当代生活方式和生产方式、与人类社会的发展相适应，是我们实施保护的主要原则。除此，以文字和影像的方式、以博物馆的方式或作为文化资源开发利用，都是辅助的方式，而且这些方式都应以不损害非物质文化遗产项目按照自身自然演变规律发展为前提。

一、调查分析、数据数字化整理

要全面了解和掌握非物质文化遗产资源的种类、数量、分布状况、生存环境、保护现状及存在的问题，并建立非物质文化遗产名录体系。要运用文字、录音录像、数字化多媒体等各种现代高科技方式，对非物质文化遗产进行真实、系统和全面地整理记录，进行分类建立档案和数据库。建立非物质文化遗产代表名录体系，加强非物质文化遗产的研究、认定、保存和传播。要组织各类文化单位、科研机构、大专院校及专家学者对非物质文化遗产的重大理论和实践问题进行研究，更加重视科研成果和现代技术的应用。组织力量可以对非物质文化遗产进行科学认定，鉴别真伪。经各级政府授权的有关单位可以征集非物质文化遗产实物、资料，并予以妥善保管。采取有效措施，以防止珍贵的非物质文化遗产实物和资料流出境外。对非物质文化遗产的物质载体也要予以保护，对已确认的文物，要按照《中华人民共和国文物保护法》的相关规定执行。充分发挥各级图书馆、文化馆、博物馆、科技馆等公共文化机构的作用，有条件的地方可设立专题博物馆或展示中心。

二、加强专业人员培养，引入行业专家

机构和队伍建设是非物质文化遗产保护工作的关键环节。根据《国务院办公厅关于加强我国非物质文化遗产保护工作的意见》，要发挥政府的主导作用，建立协调有效的保护工作领导机制。由文化和旅游部牵头，来建立中国非物质文化遗产保护工作部际联席会议制度，统一协调非物质文化遗产保护工作。文化行政部门与各相关部门要积极配合，形成合力。同时，广泛吸纳有关学术研究机构、大专院校、企事业单位、社会团体等各方面力量共同开展非物质文化遗产保护工作。充分发挥专家的作用，建立非物质文化遗产保护的专家咨询机制和检查监督制度。只有拥有一大批具有专业素养和工作能力的从业人员，保护工作才能落到实处。

三、制定专门的立法保护，提供法律保障

政府应该从行政法和民法两个方面制订更加详尽的法律、法规，为非物质文化遗产的保护工作提供法律上的保障，政府设专职部门予以管理，如普查、建档、研究、保存、传承、弘扬等，以及为实现这些保护行为而提供的财政、行政、技术等措施。2003年随着联合国教科文组织《保护非物质文化遗产公约》的出台，世界各国掀起了非物质文化遗产立法的热潮。然而，从严格意义上讲，专门的、严格意义上的非物质文化遗产法律尚不多，各国大多是将非物质文化遗产纳入包括物质文化遗产在内的整个文化遗产保护立法之中。虽然我国在非物质文化遗产保护立法方面起步比较晚，但近年来法制建设方面发展迅速，2011年2月，《中华人民共和国非物质文化遗产法》被全国人大常务委员会第19次会议通过并于2011年6月正式实施，该法第二章第十三条规定："文化主管部门应当建立非物质文化遗产档案及相关数据库。非物质文化遗产档案及相关数据库应当公开，

便于公众查阅；但是，其中依法应当保密的部分除外。"《中华人民共和国文物保护法》中增加"文献遗产保护"相关法律条文，以切实解决文献遗产数字化保护工作中出现的问题，出台入选细则和文献遗产保护标准规范，并细化相关标准的评估指标，同时，加大非档案类文献和具有社群及精神价值文献的入选比例，来明晰我国文献遗产保护的对象、范围和领域，避免少报和漏报项目，保持本土视域和国际视域并重，来提高文献遗产保护的标准化程度。这标志我国非物质文化遗产数字化保护有了坚实的法律保障。

四、通过地区政府行为，促进资源与当地经济接轨

发挥政府的主导作用，只有政府协调，才能保障对非物质文化遗产的长远规划，建立协调有效的保护工作领导机制，统一协调非物质文化遗产保护工作。各级政府和有关部门应加大经费投入，通过政策引导等措施，多渠道筹集资金，吸纳个人、企业和社会团体的赞助，还可考虑建立非物质文化遗产保护与发展基金。政府要加强领导，将保护工作列入重要工作议程，纳入国民经济和社会发展整体规划，纳入文化发展纲要。要加强非物质文化遗产知识产权的保护，研究探索对传统文化生态保持较完整并具有特殊价值的村落或特定区域，进行动态整体性保护的方式。在传统文化特色鲜明、具有广泛群众基础的社区、乡村，开展创建民间传统文化之乡的活动。

建设非物质文化遗产网络市场，是为了实现非物质文化遗产产品的网上销售。同时，将民间文学、戏曲曲艺、音乐舞蹈等非物质文化遗产资源进行数字化娱乐化的创作与制作，使之融入影视、游戏、动画、表演等当代文化娱乐活动之中，以期获得社会效益与经济效益双丰收。旅游地要增加非物质文化的旅游吸引力，就要突出其旅游资源鲜明的特色、独特的个性和原生态的基因，使旅游者在众多的旅游宣传信息中做出旅游决策，为非物质文化资源利用提供充足的人力资源的支撑。

五、构建教学资源库，促进传统技能与现代教育相结合

随着非物质文化遗产保护热潮的兴起，高校、科研院所开始建立相关的研究中心或科研基地，并在非物质文化遗产数字化保护的理论研究、实践推广方面进行了诸多探索。建立科学有效的非物质文化遗产传承机制。对列入各级名录的非物质文化遗产代表作，可采取命名、授予称号、表彰奖励、资助扶持等方式，鼓励代表作传承人（团体）来进行高校传习活动。通过社会教育和学校教育，使非物质文化遗产代表作的传承后继有人。通过有计划的教育培训，提高现有人员的工作能力和业务水平；充分利用科研院所、高等院校的人才优势和科研优势，大力培养专门人才。要充分利用非物质文化遗产对高校学生进行传统文化教育，各级图书馆、文化馆、博物馆、科技馆等公共文化机构要积极开展对非物质文化遗产的传播和展示。特别是各级各类职业院校逐步将优秀的、体现民族精神与民间特色的非物质文化遗产内容编入有关教材，开展教学活动，加大数据库建设力度，以"非遗"项目为资源载体，应用数字媒体技术，按照行业规范和职业标准，"政校企行"共建具有国内外先进水平的大容量、共享型、互动式、持续更新的职业教育民族文化传承与创新的专业教学资源库，培养民族文化传承创新人，实现民族文化传承创新专业人才培养与非物质文化遗产传承对接，职业教育与民族文化双向互动、协同发展，保存、传承、传播和创新中华民族传统文化。拓展民族文化终身教育、大众学习的社会服务，普及保护知识，培养保护意识，努力在全社会形成共识，以营造保护非物质文化遗产的良好氛围。

非物质文化遗产是一种无形的、不可重复的文化现象，我们应该增强民族文化的自觉意识和危机意识，来充分认识数字化保护与传承非物质文化遗产的紧迫性和重要性，通过信息技术、数字技术、艺术手段并用的方式，对处于弱势地位且脆弱无比的非物质文化遗产，刻不容缓地采取有效措施抢救与保护，使之再现生机与活力，这是时代赋予我们的神圣职责。

第九章　非物质文化遗产教育化传承的路径

人类一切的教育活动都建立在特定的文化基础之上，教育是文化传承的重要载体，是实现文化传承的重要方式和手段。作为文化的生命机制，正是在教育的作用下，文化才得以产生、保存和积淀，才得以更新、创造和发展。

冯增俊教授在《教育人类学》一书中从文化的形成、传播、传承和作用等四个方面对教育与文化的关系进行了阐述。首先，从文化形成的角度讲，文化实质上就是教育意义上的积累和延伸，它必须通过教育才能够得以形成。其次，从文化传播的角度看，作为一种群体共享的意义体系，任何文化的发现、发明，都必须通过教育的广泛传播，才能形成群体观念，获得社会共享，进而演变成文化。再次，从文化传承的角度看，教育是文化的生命载体，只有利用教育来发展文化，才能实现文化的传承与整合，使其能够得以一代一代地延续。最后，从文化的作用及其要实现的目的看，文化与教育具有同质性，任何文化之所以能形成，必须具备教育这一作用机制，并随其发展建立相应的教育体系，赋予同质的教育性能。

教育作为民族文化传承的重要载体，是促进民族文化心理传承、实现民族文化保存与积淀、加快民族文化更新与发展的必要手段。构建非物质文化遗产教育传承新体系，要坚持共生性、整体性和创新性的原则，一方面要积极探索工艺传承在学校的教育模式，充分发挥学校教育在工艺传承中的主导作用。另一方面要通过拓展非物质文化遗产传承的社区教育空间、实施工艺传承的网络教育以及挖掘和开发文化作品的文献资源等途径，发挥非学校教育在工艺传承中的辅助作用,充分利用两者的优势,弥补各自的不足,共同促进非物质文化遗产的传承与发展。

第一节 保护与传承载体

非物质文化遗产大体涵盖三个层面:"非物质形态"的非物质文化遗产,如民俗活动、表演艺术、传统知识和技能等;"物质形态"的非物质文化遗产,如与非物质文化遗产相关的器具、实物、工艺品等;文化空间(或文化场所),全面总结了非物质文化遗产的保护范围与研究领域。非物质形态的非物质文化遗产所呈现的是文化表现形式,它不存在于某种物质载体中,而是通过人或人与物的运动,将价值内涵蕴藏的形成过程进行展示,如习俗是通过日常生活表达出来的,传统工艺存在于流程之中。可见这种产生与传播明显依附于人或物这个有形物质载体。显然是作为"物质形态"的非物质文化遗产,它的呈现或展示需要依赖于一定的物化形态,也就是说人和物是非物质文化遗产的载体。而作为表现形式的遗产承载物,如古琴乐器、昆曲的服装等有形实物,本身就是一种物质的存在。文化空间是定期举行传统文化活动或集中展现传统文化表现形式的场所,它是非物质文化遗产表现形式的载体,同样也是属于物质层面的。可见,这三者都充分体现出了非物质文化遗产与物质的关联。因此,非物质文化遗产概念中的"非物质"并不是说与物质绝缘,非物质文化遗产是依靠物质层面来表达和呈现精神因素的。"物质形态"是促使非物质文化得以流传,使之成为遗产的不可缺少的因素,离开了物质的成分,非物质也就无从展示。从这个意义上说,没有单一的超物质的非物质文化遗产,非物质文化遗产依附于物质遗产上,它与物质文化遗产相依相存,相靠相生。甚至可以说,没有物质文化的层面就没有非物质文化遗产,脱离物质层面来谈非物质文化遗产的保护显然不科学,不合乎实际。明确非物质文化遗产与物质性要素的关系,不仅仅是从文化属性上加以阐明,另一个重要目的在于为保护非物质文化遗产整体性、真实性提供理论基础。作为非物质文化遗产,它的存在形式、空间以及发生过程都是需要被保护的内容,也是需要传承的内容。我们在探讨保护非物质文化遗产模式时,不能单方面强调非物质性的价值内涵而否定或忽视各种"物质形态"的保护形式和必要性,整体性、真实性的非物质文化遗产保护必须对这些因素加以考虑。

非物质文化遗产更加偏重于以非物质形态存在的精神领域的创造活动及其结晶,它们往往无法触摸,难以把握,而且很容易被忽略,甚至受到损坏也不易觉察。因此,实现对它的保护在于充分的认识和把握。将非物质文化遗产从"非物质"到"外化物质再现",非但可能而且必要。解决对非物质文化遗产脆弱的传统方式的保护和传承,需要通过有形的载体来实现。

一、人格化载体保护

非物质文化遗产的存在和传承最显著的特征是以人的智能及其表现形式为主体来实现的,它的表现形式包括:语言、口头文学、音乐、舞蹈、游戏、竞技、神话、礼仪、风俗习惯、手工艺、建筑术及其他技艺,其文化内涵必须要由技艺拥有者通过个性化的表演或操作才能展现出来,如果作为传承和载体的人不复存在,那么,这种以人的活动(不管是脑力活动还是体力活动)为主要呈现形式的非物质文化遗产就不可能存在。因此,人格化的载体是非物质文化遗产保护工作的重点。

二、物化载体保护

物化载体不是指物质文化遗产,而是指非物质文化遗产记载方式的物化。非物质文化遗产的保存与保护重点是记忆的保护和对传承人的保护。记忆的保护即是以物化载体的方式进行记忆和传承。传统的传承是依靠人的大脑记忆，并通过传承人的言传身教进行传承，这种单纯依靠人的记忆去保存与保护的方式，极易失传，具有极大的风险。现代社会，可以把文字、音像通过物化方式进行记忆和传承，这就使得非物质文化遗产得以被有效地保存和保护，从而使非物质文化遗产的保护工作规范化和科学化。因此，如何借助最新的数字信息和网络技术及虚拟现实技术，来加强对非物质文化遗产存在形式的保存与保护是值得重视的课题。致力于非物质文化遗产数字化保护技术研究和开发，是对非物质文化遗产保护的较为合理、有效的解决办法。

三、文化空间载体保护

各民族世代累积下来的非物质文化都异常丰富，门类众多，而又呈现流体的、不固定的活的形态，展示所需要的属于物质层面的文化空间也呈现出纷繁复杂的状况。如村落（社区）、宗教场所、自然生态环境都是产生口头和非物质文化遗产的重要文化空间。"文化空间"是非物质文化遗产不可或缺的生存、传续和发展的载体，关于文化的种种表现形式都必须存在、依托于某个特定的"空间"，并且依赖相应的资源和其他社会、自然结构。所有的学习过程、知识、技术和创造力及其创造的产品如果脱离了这个空间，都将无法存活和继续衍生、发展。因此，文化空间的保护对于非物质文化遗产的保护尤为重要。

四、产业化载体保护

对非物质文化遗产的保护既是人类精神生活的需要，又是人类物质生活的需要。需要就是市场，市场就是商机。非物质文化遗产面临的生存危机，亦有市场化运作缺乏的原因。所以非物质文化遗产的保护工作，应着眼植根于产业化的拉动作用，借助于产业化载体，特别是现代旅游业和文化产业发展的双重拉动，来加大市场运作力度，科学、合理、适度地开发利用非物质文化资源,打造一个从深度到广度,既保持了传统文化的内容,又赋予当代特色的品牌,使之形成文化品牌效应。因此,要把发掘非物质文化遗产资源与经济发展结合起来,用市场的眼光来运作非物质文化遗产,能够通过开发利用为非物质文化寻求新的社会市场和生存土壤,使非物质文化遗产显现出其固有的多重功能。这就需要运用市场机制,拓宽投资渠道,建立科学的筹资机制,大力吸引社会资本流向文化市场,在非物质文化的产业化经营方面进行积极探索,开创有效的市场运作模式。充分利用非物质文化资源,既能减少传统旅游资源开发对生态环境的破坏和资源的消耗,又能充分发掘和利用当地非物质文化资源,实现文化产业和旅游产业之间的"良性互动",进而实现"产业链"的延伸,最终实现非物质文化遗产保护与文化产业运作的二元互动和良性循环,获得可持续发展的动力。这对于开发文化市场、搞活文化产业、实现非物质文化的复兴、复原社区记忆体系、延续华夏五千年的文化底蕴都具有重要的开创性意义。

五、保护与传承的整体性

非物质文化遗产的保护与传承既要考虑非物质性的价值内涵,也要兼顾各种"物质形态"的保存,整体性、真实性的非物质文化遗产保护与传承必须对这些因素加以考虑,必须得考虑应用数字化保护的方法和教育化传承的方式去实现。

非物质文化遗产的数字化保护主要是图、文、声、像相结合的立体方式的记录和普查,以及采用数字化的方式来进行整理、分析、存储,保存文献、图片、声音、影像及历史资料,建立图文声像各类数据库,完成非物质文化遗产的数字化保存与存档。综合各种多媒体信息,在虚拟场景中混合视频、音频、图片及文字,建立场景的混合模型并进行协调展示,实现对工艺流程的详细表达、工艺存在的文化状态、物品的选择展示、民间艺人档案、传播传承方式、民艺品原材料及民间生活方式等文化存在方式的再现交互功能。支持环境漫游,能够在任何具有多媒体展示设备的条件下进行现场的展示与宣传，供人们查阅、了解、认识和掌握，有助于传统艺术的传承和发扬。非物质文化遗产数字化保护为教育化传承提供教学资源，实践方法路径。

非物质遗产的教育化传承，一是保护传承人和培养新的传承者，设法使这种活的遗产得以继承和延传。面向教育，尤其是职业教育，建立合理可行的传承机制，建立培训基地和师徒关系，通过授课、带徒授业等方式培养接班人，提高他们的知识技能和文化自觉，使其技艺能够得到完好的传承。二是推广非物质遗产继承人的群体化。由于历史和社会的原因，非物质文化遗产在传承方面有一部分具有主观性、非公开性、狭隘性，若要改变家庭内部传承的封闭性，就必须让非物质文化遗产进校园、进教材、进课堂，使更多人对此产生浓厚兴趣，继而成为新一代的传承人，从而使优秀的非物质文化遗产能安全可靠地传续下去。三是实现非物质文化遗产保护的专业化。专业化保护就是实现对非物质文化遗产保存与保护的科学性，可在教育和科研部门中进行研讨和传承，弃其糟粕，取其精华，探讨其内在的规律性的本质，从而有利于创新，更有利于推广与传承。

第二节 教育化传承的现状与目的

民族文化是我国各民族在历史发展过程中创造和发展起来的具有民族特点的文化，民族文化传承创新是促进民族文化发展的需要，是文化产业发展的需要。非物质文化遗产是民族文化的重要组成部分，是历史的见证和民族文化的重要载体，被誉为是历史文化的"活化石""民族记忆的缩影"。从民族文化传承创新的现实情况看，面向教育的非物质文化遗产的保护、传承、创新是非常紧迫和重要的。

一、教育传承的现状

随着国务院《关于加强我国非物质文化遗产保护工作的意见》的发布，不仅规定了非物质文化遗产保护工作的十六字指导方针："保护为主、抢救第一、合理利用、传承发展"，而且在各级政府的重视下，我国对非物质文化遗产的保护取得了一定进展，但目前在非物质文化遗产传承发展上存在着信息缺失、表现缺失、机制缺失等问题，主要表现在：一是对非物质文化遗产的保护更多是文物式的保护，缺乏对其内容的保护；二是对非物质文化遗产普遍重保护，但也缺乏传承创新的机制平台，缺乏开发利用的载体，缺乏与文化创意产业的合作，在国际市场的竞争力并不强；三是非物质文化遗产保护常常是孤立在本体本身，缺乏衍生品和实际应用的创新，与社会需求和企业需要脱节；四是在传承人培养上主要采用师徒相授的传统模式，培养的专业人才数量有限，无法满足产业发展的需求；五是现有相关非物质文化遗产资源平台，在容量、内涵、服务、技术等各方面远不能满足学校、企业和社会各界的需要；六是传播媒体资源缺乏整合，资源的表现形式手段单一，无法满足信息时代受众的多样化需求；七是资源使用率低，缺乏运行维护、持续更新。

民族文化传承创新只有科学与文化相结合，技术与艺术相结合，通过信息技术、数字技术、艺术手段并用的方式，充分发挥职业教育在民族文化传承创新中的基础作用、服务作用和促进作用，才能最大程度地使中华民族传统文化得到保护与开发、传承与创新，实现民族文化传承创新、职业人才培养与非物质文化遗产传承对接，职业教育与民族文化双向互动、协同发展。

二、教育传承的目的

人类一切的教育活动都得建立在特定的文化基础之上，教育是文化传承的重要载体，是实现文化传承的重要方式和手段。首先，教育是促进民族文化心理传承的必要手段。民族文化的心理传承是民族意识的深层次积累，是民族认同感形成的重要基础。在各种民族文化要素的传承中，心理传承无疑是最为稳定、最为持久、最为核心的部分，其他各种文化要素的传承都受制于心理传承并围绕着它进行。教育能够促进各种民族文化要素的传承，尤其是对心理的传承。

其次，教育是促进民族文化保存和积淀的必要手段。文化的保存与延续可以采用多种多样的形式，但无论采用何种的形式，都需要以人对文化的理解为中介。正如叶澜教授所言："历史上遗留下来的文化，如果我们没有人能够懂得理解和运用它，那些这样的文化就成了死物，既无认识的价值，也没有使用的价值，这样的保存和延续也就失去了意义。"由此可见，民族文化的保存和延续必须通过教育对人的培养才能够得以实现。同时，教育在保存、延续和传播民族文化的过程中，也使得民族文化得以不断的积累和沉淀，并最终促使民族文化传统的形成。

最后，教育是促进民族文化更新和发展的必要手段。民族文化的传承不仅是保存和延续的过程，而且更是更新与发展的过程，在这一个过程中教育具有不可替代的作用。一是教育能够对文化进行整理和加工，这是指教育能够对文化进行条理化、结构化和系统化的加工和整理，使其更有利于人们的继承和学习，进而促进文化的保存与发展。二是教育能够对文化进行选择和批判，这是指教育能够通过必要的文化分析，排斥、批判文化中不利于个体身心发展的消极因素，选择、吸收有利于个体身心发展的积极因素，进而促进文化的更新与发展。三是教育能够对文化进行交流和整合，这是指教育能够促进存在于不同地区、不同民族的文化之间的交流，以增强各种异质文化相互之间的理解、包容与整合，进而促进文化的更新与发展。总之，在民族文化传承的过程中，教育能够通过对文化加工整理、选择批判和交流整合的作用，促进民族文化的创新与发展。

第三节 教育化传承的方式与路径

一、民族文化传承的方式

关于民族文化传承的方式，在传承媒介、表现形式、参与形式、教育类型、教育发展等不同维度，民族文化传承方式的划分各有侧重，有所不同。

（一）文化传承方式的划分

以文化传承所依赖的媒介进行划分，可以分为行为、器物和语言等方式；从文化传承的表现形式来划分，可以分为外显和内隐两种方式；从传承主体参与形式来划分，可以分为一对一，一对多和多对多三种方式。

由于文化的传承与教育两者关系密不可分，因此也有学者从教育类型和教育发展阶段两个维度对文化传承的方式进行划分。首先，从教育的类型看，文化传承的方式包括了家庭教育、社区教育和学校教育三种形式。其次，从教育发展的阶段看，文化传承的方式又可以相应地划分为三种形式：一是初级的口传心授、亲身示范和行为模仿的形式；二是高级的文字与学校的形式；三是信息技术。

（二）信息化社会下的文化传承

无论哪种文化传承方式，在现代信息化社会的今天，应用信息技术和多媒体技术，都要尊重教育教学规律，遵守行业规范，以民族文化（尤其是非物质文化遗产）为载体，来开发适合网络传输的教育教学资源；扩大传播受众，是文化传承与教育有机结合的重要方式。既能够充分调动和利用不同文化背景的艺人、行家、研究者等人力教育资源，又能让受教育者的学习突破时间和空间的限制，在不同的时间、地点都能够快捷、方便、灵活和自由地展开学习。同时，网络媒介本身所具有的丰富性、多样性的特点，也能更好地激发学习者，尤其是年轻一代学习者的学习兴趣和需要，有利于扩大工艺传承的受众。正因为如此，在信息化社会快速发展的今天，将民族文化传承置于开放、多元的互联网环境中，来通过网络媒介来实现工艺的保存与延续是极有必要的。考虑网络教育的特点，搭建民族文化传承与创新教学资源库和教育教学平台就显得尤为重要了。遵循职业教育教学规律，从职业岗位分析出发，搭建"平台+模块"的基于职业技术技能的能力目标课程体系。将民族传统文化整理成规范、系统、科学的教学标准，按行业规范和职业标准应用数字媒体技术转化为数字化的教育教学资源。都要面向职业教育，面向文创产业，开发课程、教材、文创产品，并向产业转化，向教学固化，把民族文化从平面传播保护向立体化传承、主动式创新转化。数字化应用是手段，资源库建设是载体，教育化传承是目的，在保护中传承，在传承中创新，为民族守艺，为文化存根。

二、教学资源库建设思路与原则

以中国非物质文化遗产为资源载体，以传承文化、传习技艺为己任，按照行业业务标准和企业技术标准，应用数字媒体技术，"政校企行"共建具有国内外先进水平的大容量、共享型、互动式、持续更新的职业教育民族文化传承与创新教学资源库，可以把非物质文化遗产资源转化成数字化的教育教学资源，积极探索工艺传承的学校教育模式，实现专业人才培养与非物质文化遗产传承对接，促进非物质遗产继承的群体化，拓展民族文化创新应用的广度和深度，提高人才培养质量，提升师资队伍的教科研及专业创作能力，培养民族文化传承创新职业人；延展资源应用媒体类型，来促进民族文化的终身教育和大众化传播。

（一）具体目标

1.创新民族文化传承创新的人才培养模式

系统设计是基于职业技术技能的能力目标的课程体系，以非物质文遗产项目为教学载体，开发项目化课程，实施"双轨交互并行"的项目教学模式，改革教育教学模式及方法和手段，构建多元评价人才培养体系，提高人才培养质量，积极探索研究民族文化职业教育规律。

2. 建设民族文化数字化教学资源

面向职业教育，面向文化创意产业，来建立"非遗"素材信息中心、教学资源转换中心、课程建设应用中心、展示交流学习中心、创作转化推广中心，为非物质文化遗产立体化传承与主动式创新提供可学、可用、乐学资源。

3. 促进职业教育与民族文化产业有效对接

准确把握中国非物质文化遗产项目的共性和独特风格，梳理历史文脉，凝练商业价值，将学校教学过程与文化企事业单位的生产工作过程紧密结合，为搭建作品资源与产品资源双向转化平台，推进职业教育与民族文化产业对接，引领文化产业振兴发展。

4. 搭建民族文化的学习、交流与传播平台

为国内专业人士创意设计和传统文化应用创新、其他社会学习者自主学习以及向国际传播中华传统文化提供专业化的教学资源服务。

（二）建设思路

1. 创新机制，"政校企行"携手，保证资源的共建共享性

在文旅部"非遗"司的大力支持下，按照"百城百校"（全国百家开设艺术类专业的高职名校，对接当地百座文化名城，开展文化创意设计教育的项目）、"旅游商品产学研联盟"（聚合北京及周边旅游商品产业、文创产业等行业企业资源，共同建立的产品研发与技术服务校企合作长效机制平台）模式，联合各地优势院校和行业企业，构建共同开发建设教学资源库的长效合作机制；按行业规范，创建素材采集标准机制；完善创新研发的责任机制、激励机制，必须按企业标准和职业教育教学规律，构建数字化教育教学资源转换、课程建设、教材开发、案例制作等模板机制。

2. 深入调研，明确用户需求，保证资源的实用可用性

以融合民族文化教育教学、聚合民族文化机制创新、应用民族文化科学研究、实践民族文化创新转化、弘扬民族文化对外传播为主线，深入行业企业调研，以充分了解各岗位对人才知识、技能、素质的要求，遵循职业教育教学规律，从职业岗位分析出发，在充分考虑人才培养要求、环境、条件等方面的区域差异的基础上，系统设计搭建"平台＋模块"的是基于职业、技术和技能的能力目标课程体系，使其兼具"普适性"与"特色化"。按行业规范和职业标准，应用数字媒体技术，将民族文化资源转化为数字化的教育教学资源，突出核心技能和知识的学习及职业素养的训练，保证资源建设的针对性和实效性。

3. 研发创新，整合优势资源，保证资源建设的前瞻性

充分调动各参与院校、行业企业的积极性，吸纳国家级和省级"非遗"项目传承人、工艺大师、教授、学者参与到资源建设中，吸纳知名企业的新产品、新工艺、新技术等，把院校、企业的创新成果融入专业课程，实时调整教学内容，用来保证资源库建设的时效性和前瞻性。

4. 项目管理，建立长效机制，保证资源建设的持续性

实施项目管理，建立良好的资源库运行管理机制。实现"政校行企"优质资源共享、互利共赢，形成共建共享的良性循环机制。加强对资源建设过程的监控，明确权责，保护知识产权，充分发挥项目联合建设单位与资源使用用户潜能，使资源建设者和资源用户在建设、管理、运用、维护和二次开发等方面高度合作、深度参与。建立资源库定期更新保障制度，就要不断丰富完善教学资源库，实现教学资源建设内容动态更新、资源平台技术更新、资源库平稳有效运行。

（三）建设规划

1. 组建指导团队与开发团队

由国内开设民族文化传承创新相关专业实力较强的高职院校教学骨干

和富有实践经验的行业企业人员来组成项目建设团队。由政府部门、相关企业、行业领域专家组成项目建设专业指导小组，对资源库项目建设进行统筹、协调、指导、咨询等，从策略上、技术上为项目建设提供支持和保障。

2. 明确主线与建设流程

以培养民族文化传承创新职业人为目标，以"产学研结合、校企融合"为方针，按照"调研分析—开发建设—实践应用—反馈完善—示范推广"的建设流程，以国家非物质文化遗产资源数字化、教育化开发为核心，以课程建设为主线，进行科学的合理规划，确保建设目标的顺利实现。

3. 顶层设计与系统建构

面向职业教育，面向文化创意及相关产业及社会学习者，按照民族文化遗产"保护—学习—传承—创新"的项目流程，以教学平台、学习平台、交流平台、转化平台为根本任务，来实现民族文化传承创新，构建民族文化传承与创新教学资源库。

4. 制定资源建设与开发标准

以"资源开发，标准先行"为基本原则，要严格依据教育信息化技术标准委员会制定的相关标准，系统开发技术标准。规范、系统、科学地进行资源库各种资源的建设与开发，按行业技术规范，制定非物质文化遗产初始素材采集标准；按行业企业标准，制定数字化教学资源开发标准；遵循职业教育教学规律，制定课程建设、教材开发标准。

5. 构建普适性与个性化结合的课程体系

开展广泛深入调研，系统构建"平台+模块"的基于职业技术技能的能力目标的课程体系，合理开发通识课程、专业技术课程、专业方向课程模块，形成普适性和个性化相结合的专业人才培养整体解决方案。

（四）建设原则

1. 资源开发、标准先行

以开放的技术平台为支撑，以媒资编目方式标准化标识资源。为确保专业资源平台的快速开发与高效利用，在资源开发建设前期制定详细的标准。必须按教学标准规范、系统、科学地整理非物质文化素材资源，按职业标准应用数字媒体技术将其转化成数字化的教育教学资源，按职业教育规律开发专业建设标准、课程体系及课程建设标准，按行业规范开发作品和产品，通过市场化运作模式，转化为商品。同时形成了指导性文件，规范资源建设内容，为资源开发提供依据。

2. 突出教学、整体推进

将资源服务于教学，要对"非遗"素材信息中心的资源进行教学标准化设计，并具体到每一门课程及课程的组成模块与知识点，使其成为服务于教学的资源。通过加强职业院校民族文化类专业建设，促进民族文化传承与创新，培养符合民族文化产业需要的高素质技术技能人才，整体推动全国高职院校艺术设计类专业的教育教学改革。

3. 积件组合、多点支撑

采用集群技术、异地冗余备份等手段，支持多人同时在线的并发处理能力。利用先进的网络技术和移动技术，整合学习社区、移动社区等互动方式，实现随时随地、个性化的学习与交流。以"碎片化"的理念将资源分解，以积件式方式智能组合相关课程教学载体，按照学习者的学习需求将教学资源"结构化"，以便于资源的分类整合与开发，实现优质资源的共建共享，同时有利于提高网络速度。

4. 知识推送，个性服务

充分考虑教师、学生、企业员工、社会学习者等方面的不同特点与普遍需求，形成资源库通用性建设规范，为用户提供通用性功能模块，满足不同用户的通用性服务需求。同时，本校专业或不同区域的学校，可以根据需要，智能化提取同一等级的不同资源推送给不同用户，满足不同用户的个性化服务需求，实现资源"为我所用"。

5. 服务产业，旨在创新

面向职业教育，面向文创及相关产业，传承国家非物质文化遗产，创新作品向产业转化，服务民族特色产业、文化产业的转型升级，提高民族文化产品的附加价值与国际竞争力。

6. 动态更新，持续发展

探索教学资源开放性建设机制，实现优秀教师、先进设备、优质资源共享，互利共赢。建立教学资源建设内容动态更新、资源平台技术更新、资源库平稳有效的运行机制。建立资金保障机制，专款专用，为本项目的实施、推广和持续更新提供充足的资金，在机制、资金两个方面保障资源库建设的可持续、可发展性。

三、教学资源库资源建设与开发

以中国传统金属工艺与泥塑工艺美术子库为例。按照资源的功能属性和类别，将资源库划分为六个中心，它包括汇集了30余种非物质文化遗产资源的"非遗素材信息中心"，为教育教学服务的"课程建设应用中心"，将素材资源向教育教学资源转换的"教学资源转换中心"，为推广师生作品的"展示交流学习中心"，为促进教科研成果转化的"创作转化推广中心"，为大众传播增加沉浸体验的"互动体验传播中心"。将民族文化传承创新专业教学资源库，建成传承中华传统文化的自主学习平台、传播中华传统文化的教育教学平台、应用传统文化元素进行创作并转化为文化生产力的推广平台。

（一）素材建设

面向职业教育、文化创意产业，先行选择传统金属工艺（以"景泰蓝"为代表）、泥塑工艺美术（以"泥人张"为代表）采集素材。并向传统美术、手工技艺、民间文学、民俗文化等四类百余种国家非物质文化遗产做一定拓展。遍布20余个省市自治区采集30余种国家级"非遗"项目资源，获取原始素材近2T，其中包括文本385MB，约150.51万字；图片1170G，33121张；视频562G，2620个；音频6.77G，122个；采访20余位传承人或技艺大师。

1. 素材整理加工

以标准化、碎片化、数字化方式整理加工北京景泰蓝制作技艺、甘肃保安族腰刀锻制技艺、云南阿昌族户撒刀锻制技艺、贵州苗族银饰锻制技艺、安徽芜湖铁画锻制技艺、浙江龙泉宝剑锻制技艺、浙江张小泉剪刀锻制技、北京花丝镶嵌、山西阳城生铁冶铸技艺等9项传统金属工艺和天津泥人张、北京兔爷、北京风俗泥塑、陕西凤翔泥塑、江苏无锡惠山泥人、河南泥咕咕、河南泥泥狗、山东高密聂家庄泥塑等8项传统泥塑工艺，每个项目均从历史由来、工艺流程、大师推介、作品赏析、风俗奇趣、影音非遗、图说非遗等七个方面规范整理加工。

2. 构建中国泥人博物馆

民族文化传承与创新专业教学资源库项目建设小组前后三次深入无锡惠山泥人厂、中国泥塑博物馆走访传承大师，采集泥塑资料，结合项目组采集的其他泥塑资料通过梳理泥塑历史发展脉络、归纳总结各地域泥塑艺术特色、访谈泥塑名家等途径，从博物馆简介、中国泥塑历史发展脉络、各地域泥塑艺术、泥塑名家四方面对中国泥人博物馆进行了详细介绍。

中国泥塑发展分为起源期、发展期、鼎盛期、普及期、大众化期，从每个时期的艺术特色、代表地区、代表大师及代表作品等方面介绍中国泥塑的发展历程。在中国泥人博物馆的馆藏作品展出顺序的基础上，融合了我国12个泥塑艺术典型地区的艺术特色及典型作品。共整理文字内容两万六千七百余字，采集整理高清图像500余张。

（1）史前到汉代时期——中国泥塑艺术的起源期

我国泥塑艺术可以追溯到距今约四千至一万年前的新石器时期，原始先民们将土烧制成各式各样的器具，史前文化地下考古就有多处发现。浙江河姆渡文化遗址就出土了陶狗、陶猪、陶羊、陶兽和小人头像等，时间约为六千至七千年前左右；1978年在山东泰安大汶口文化遗址中出土了一只7厘米长的陶猪，等等。这些都可以确认是人类手工捏制的早期泥塑艺术品。

典型作品有：

①甘肃地区的马家窑彩陶人头饰器盖、甘肃大地湾人头形器口彩陶瓶、甘肃天水柴家坪原始陶塑人面；

②陕西地区的陕西仰韶半坡人首红陶瓶、秦汉兵马俑；

③辽宁地区红山泥塑女神头像、东山嘴立体圆雕妇女裸像；

④汉阳陵陶俑；

⑤东汉击鼓说唱俑等。

（2）魏晋南北朝到隋朝泥塑艺术的发展期

两汉以后，随着道教的兴起和佛教的传入，以及多神化的祭祀活动，社会上的道观、佛寺、庙堂兴起，直接促进了用泥塑造神像的需求以及泥塑艺术的发展。在这一时期出土墓葬的随葬品中，泥车、瓦狗数量较多，如西安发现的"李小孩墓"中就有小鸡、小箕、小人等，这些泥塑随葬品很可能是死者生前玩耍之物。另外，泥塑作品中也有战争题材的相关形象，如战马、骑马武士等，反映出这一时期战争频发的史实，也从侧面反映出泥塑在当时的盛行。

典型作品：

①敦煌莫高富彩绘塑像；

②甘肃麦积山泥塑人像；

③新疆拜城克孜尔千佛洞泥塑人像等

（3）唐代——泥塑艺术的鼎盛期

唐代寺庙盛行，唐太宗推崇道教、武则天推崇佛教，直接促进了泥塑偶像的需求和泥塑艺术的发展，塑像艺术进入鼎盛期。山西五台县佛光寺内的彩塑，塑工写实沉厚，栩栩如生。敦煌莫高窟的众多塑像中，也以唐代塑像为最多，制作精美，姿态优雅，比例匀称，面部丰腴，双手纤巧，显示出温柔妩媚的神采，堪称中华彩塑的瑰宝。唐朝出现了著名的泥塑家杨惠之和他的作品《塑诀》。杨惠之被誉为雕塑圣手，是唐代泥塑的杰出代表，为当世人称赞："道子画，惠之塑，夺得僧繁神笔路。"

典型作品：

①顶竿倒立通；

②泥哨玩具；

③最早的玩具泥人等。

（4）宋朝和元朝——泥塑艺术的普及期

宋代是我国手工业发达、城市商业繁荣的时期，商业的发展突破了传统的坊市制度，出现了商业街性质的"瓦肆"。市民的文化业余生活丰富多彩，民间生活更趋于世俗化。在这种时代文化背景下，泥塑艺术发展到宋代，不但宗教题材的大型佛像继续繁荣，泥塑制品出现了小型玩具类商品。宋代出现了专门从事泥塑制作，并将其作为商品出售的人员。元代的磨喝乐不仅有泥孩儿的一种形式，还有金刚、菩萨等，这一称谓原为梵语，指佛经上的乐神，"天龙八部"之一。磨喝乐与黄胖儿尽管都是泥塑的小人像，黄胖儿则是清明时节的土宜品。磨喝乐是七夕节的玩偶，每年七月七日前后出售，不仅平民百姓买回去"乞巧"，达官贵人也要在七夕期间买回去供奉。

典型作品：

①磨喝乐；

②扑卖；

③"黄胖"与时令玩具；

④鹿州泥孩；

⑤南宋"湖上土地仪"；

⑥杭州孩儿枕等。

（5）明清至现代——泥塑艺术大众化时期

明清时期泥塑艺术进入了大众化时期，泥塑艺术品在社会上广为流传，尤其是小型泥塑，既可观赏陈设，又可让儿童玩耍。泥塑生产几乎遍布全国主要的农耕地区，并且出现了许多较为著名的泥塑产地，如注重写实的天津"泥人张"彩塑、注重写意的无锡惠山泥人、粗浓艳的陕西凤翔泥塑、大胆夸张的山东高密聂家庄泥塑、质朴的凌县泥咕咕、原始图腾崇拜的淮阳泥泥狗、北京民俗风味的泥塑等。

一方水土滋养一方艺术，每个地方的泥塑都有其独特的艺术特色和风格。明清以来北方以清道光年间流传的泥人张最为著名，泥塑写实传神，注重结构。南方以明至清初发展成规模的无锡惠山泥人最有名，淳朴秀润重在写意，表现出南方人的细腻和灵秀。西北泥塑则呈现浓艳的对比效果，粗犷而质朴。比如著名的凤翔泥塑用大写意的手法和浓烈的色彩，淋漓尽致地表现出浓浓的民俗味。凌县泥咕咕造型古朴卓雅，又因为民间大红大绿的着色，作品呈现出质朴的美感。淮阳泥泥狗在原始图腾文化下产生的一种独特的民间艺术。家庄泥塑大胆夸张，注重表情写意，力求似与不似，手法简约概括，追求鲜艳醒目而又柔和动人的艺术效果。

采集12个典型地区的泥塑作品，从地区整体泥塑作品介绍、艺人代表、典型作品三个方面详细阐述了各地域泥彩塑艺术的特色及风格。

3. 构建走进博物馆模块

以现场采集的素材为基础材料，通过后期修图并配以文字说明进行馆藏珍品数字化分类展示。包括中国泥人博物馆、中国国家博物馆、首都博物馆、天津博物馆、南京博物院、甘肃省博物馆、陕西历史博物馆、内蒙古博物院、宝鸡青铜器博物馆等9家博物馆。

（1）中国泥人博物馆

中国泥人博物馆位于无锡惠山古镇的原无锡惠山泥人厂址，建筑设计采用了日本建筑设计大师的方案。新馆占地面积11163平方米，建筑面积10321平方米。博物馆内分序言馆、惠山泥人展示厅、中国泥人各流派展示厅、世界泥人文化展示厅以及泥人大师工作室等十多个展厅。

（2）中国国家博物馆

中国国家博物馆是以历史与艺术并重，集收藏、展览、研究、考古、公共教育、文化交流于一体的综合性博物馆。隶属中华人民共和国文旅部。

中国国家博物馆已经走过百年的光辉历程。百年来中国国家博物馆积淀了深厚的历史文化底蕴,已发展成为中国博物馆事业的旗舰。这里记载着中华民族五千年文明足迹,展示着我们伟大祖国的历史文化艺术和社会发展的光辉成就,是中华儿女传承历史、开拓未来的精神家园。同时,这里也是中华文明与世界文明对话的重要窗口,是展示人类文明的宏伟殿堂。

(3)首都博物馆

首都博物馆于1953年开始筹备,1981年正式对外开放,原馆址在全国重点文物保护单位——北京孔庙。作为北京市"十五"期间重点文化建设工程,首都博物馆新馆建设项目的立项申请,于1999年得到北京市委、市政府批准,2001年经国家发改委报国务院批准实施,2001年12月正式奠基兴建。

首都博物馆新馆于2005年12月开始试运行,2006年5月18日正式开馆。首都博物馆以其宏大的建筑、丰富的展览、先进的技术、完善的功能,成为一座与北京"历史文化名城""文化中心"和"国际化大都市"地位相称的大型现代化博物馆,并跻身于"国内一流,国际先进"的博物馆行列。

(4)天津博物馆

天津博物馆是一座历史艺术类综合性博物馆,其前身可追溯到1918年成立的天津博物院,是国内较早建立的博物馆之一。其收藏特色是中国历代艺术品和近现代历史文献、地方史料并重,现有古代青铜器、陶瓷器、法书、绘画、玉器、玺印、文房用具、甲骨、货币、邮票、敦煌遗书、竹木牙角器、地方民间工艺品及近现代历史文献等各类藏品近20万件,图书资料20万册。2007年底对外免费开放,2008年被评为国家一级博物馆。

天津博物馆新馆位于天津文化中心区域内,于2008年开工建设,2012年落成并对外开放。新馆地上五层,地下一层,层叠错落;内部空间设计更融合了博物馆穿越时空隧道、连接未来之窗的理念,新颖独特。新馆总投资8.3亿元人民币,总建筑面积64003平方米,其中展厅面积14000平方米,库房面积11000平方米。新馆特设2800平方米的临时交流展厅,除了基本陈列和馆藏文物专题陈列外,还不定期举办国内外大型临时性特展；可容纳近400人的国际报告厅，设施设备一流，能够举办大型国际学术交流活动。新馆的建成充分满足了博物馆陈列展览、藏品管理、学术研究、文物保护与修复、社会教育等功能需求，是天津地区最大的集收藏、保护、研究、陈列、教育为一体的大型公益性文化机构和对外文化交流的窗口。

（5）南京博物院

南京博物院坐落于南京市紫金山南麓、中山门内北侧，占地面积70000余平方米，是我国第一座由国家投资兴建的大型综合类博物馆。被评为"全国公共文化设施管理先进单位""国家一级博物馆""中央地方共建国家级博物馆""全国爱国主义教育示范基地"。

（6）甘肃省博物馆

坐落在黄河之滨的甘肃省博物馆，是国内最早成立的综合性地志博物馆之一。其前身是1939年成立的甘肃科学教育馆，1950年改为西北人民科学馆，1956年改名为甘肃省博物馆，1958年迁入新馆。1999年经省政府立项，投资1.5亿元对原展览大楼进行改扩建工程，馆舍占地7.2万平方米，新展览大楼建筑总面积2.85万平方米，展厅18个，院内还有文物库房、文物保护实验室等设施，整个展览大楼本着"庄重、典雅、美观、人性化"的原则设计并建设，是一座现代化综合性智能建筑，2006年12月26日新展览大楼正式对外开放。

（7）陕西历史博物馆

陕西历史博物馆位于西安大雁塔的西北侧，筹建于1983年，1991年6月20日落成开放，是中国第一座大型现代化国家级博物馆，它的建成标志着中国博物馆事业迈入了新的发展里程。这座馆舍为"中央殿堂、四隅崇楼"的唐风建筑群，主次井然有序，高低错落有致，气势雄浑庄重，融民族传统、地方特色和时代精神于一体。馆区占地65000平方米，建筑面积55600平方米，文物库区面积8000平方米，展厅面积11000平方米。馆藏文物多达370000余件，上起远古人类初始阶段使用的简单石器，下至1840年前社会生活中的各类器物，时间跨度长达一百多万年。文物不仅数量多、种类全，而且品位高、价值大，其中的商周青铜器精美绝伦，历代陶通千姿百态，汉唐金银器独步全国，唐墓壁画举世无双。可谓琳琅满目、精品荟萃。

（8）内蒙古博物院

内蒙古博物院位于呼和浩特市东二环与新华东街交会处西北侧，与内蒙古乌兰恰特建筑比邻，主体建筑面积5万余平方米，造型独特，设备先进，由陈列展厅区、文物库房区、观众服务区、业务科研区及多功能厅等部分组成。博物院融合了浓烈的现代元素、地域表征与民族特色，是浓缩了中国北方亿万年来生态变迁史与草原文明发展史的一部"百科全书"，也是自治区经济社会发展水平和文明程度的标志。

（9）宝鸡青铜器博物馆

宝鸡青铜器博物院为中国最大且是唯一的青铜器博物馆，地处"炎帝故里、青铜器之乡、佛骨圣地、社火之乡"陕西省宝鸡市。全馆由青铜之乡、周礼之邦、帝国之路、智慧之光等部分组成。馆藏有何尊、折觥、厉王胡簋、墙盘、秦公铸、卫鼎等一千多件青铜器。

（二）资源转化

民族文化素材及资源向产、学、研、用转化，开发教学化的企业案例138个，系列化的"非遗"动画作品32个，系列化的电子读物53个，系列化的"非遗"特色网站设计17个，移动APP互动体验产品2个，视频作品66个，音频作品88个。申报省部级、市教委等课题32项，完成设计研发与技术服务项目23个，累计课题项目经费200余万元，系列化的文创产品40余件套；搭建微信公众平台，通过移动互联网传播优秀传统文化，图文并茂发布传统文化信息。解决资源与需求的突出问题，实现优质资源共享。

1.电子读物

电子读物区别于以纸张为载体的传统出版物，是一种将文字、图片、声音、影像等信息内容数字化的出版物。通过非物质文化遗产资源素材转化，制作出了以阿昌族户撒刀、北京兔爷、平遥漆器、天津泥人张等为内容的"非遗"电子读物 53 个。

2. 互动 App 体验产品

随着移动互联网的发展，智能移动设备的普及，互动性 App 提供了比以往的媒介更丰富多彩的表现形式，为非物质文化遗产的传承创新提供了一个大众化、智能化、高效化的平台。将"非遗"技艺、典型作品进行多维度展示，呈现细节。可营造场景、三维、游戏沉浸式体验。具有丰富的交互体验，可满足用户在娱乐中学习，通过游戏将关键技艺分解，在娱乐中完成"非遗"作品的创新，可以提高用户浏览黏度。开发景泰蓝工艺互动体验和民间陶瓷"歌谣迷踪"互动体验 App 产品 2 个，有助于"非遗"技艺的推广和传承。

3. 动画作品

通过将非物质文化遗产项目资源进行转化，完成了以"非遗"为主题的原创动画 32 个。动画是最容易被大众接受的一种表现形式，以其强大的娱乐、传播和交流情感的功能吸引着人们的关注，使用动画的方式表现，能把复杂的问题简单化，让人们更快地接受，从而达到快速推广的目的。动画作品以传统技艺为载体，以寓教于乐的方式讲述非物质文化遗产项目的风俗、工艺及流程。

4. "非遗"视频作品

利用视频手段对非物质文化遗产项目进行实地采集，视频素材包括了技艺整体介绍、工艺流程和大师访谈几个类别，形成了一套相对完整的非物质文化遗产项目视频库，合计 66 个。所整合的视频资源既可以帮助人们了解传统技艺，也可以用于教学，丰富课程素材。

5. 企业案例及教学案例

将优秀师生作品按教学任务指导书、实施说明、过程文件包三部分转化为教学案例；相关行业企业技艺大师产品从创意来源、设计过程、工艺过程、成品展示四个方面开发企业案例，促进其优秀作（产）品向教学固化，合计开发 138 个教学（企业）案例。

四、搭建民族文化学、研、产、用一体化多元平台

为保障民族文化传承创新的长效性,"政校企行"合作搭建了一系列民族文化学、研、产、用一体化的多元平台,推动民族文化发展。

(一)创建传承技艺工作平台

以国家级或省部级非物质文化遗产技艺传承人为带头人,与相关企业合作,整合周边相关行业资源,例如以钟连盛等工艺美术大师为龙头,创立景泰蓝工艺美术大师工作室,把"非遗"项目带进校园,让大师走进课堂,传授景泰蓝制作工艺,共同建立完善"大师工作室"运行管理机制,保障民族文化传统技艺传承,创新设计开发,培育文化创意设计职业人和青年教师;将行业企业的工艺大师及高级技术人员引入到校园里,建立产品研发、技术服务、人才培养长效机制,继承发扬传统工艺,探索"现代学徒制"传承模式,培养有创意、能设计、会研发、懂市场的高素质技术技能型人才。传承就是保护性学习,请工艺大师入驻校园,采取专家授课形式,师生与工艺师及技师们一道学习并掌握整套的传统工艺技艺与流程。创新就是开发性学习,在吸收了大量民族文化工艺美术精髓的基础上,提取传统形式中最具民族文化表现精神与魂魄的元素,借助计算机辅助设计,高科技数字加工技术,创新设计当代民族文化产品。积极推动传统工艺美术研究与发展,使祖国优秀传统文化、独特的传统技艺得到更好的保护、传承、创新和发展,让中华传统文化不断绽放新的光彩。

建设国家级装饰艺术设计(民族文化传承创新)实训基地,形成集教学实训、传统技艺传承、技能鉴定、研发文创产品等功能为一体的教科研发中心。现代部:从设计到量产全程数字化服务教学及商业客户,精确评估管理每个设计专案;传统部:传统手工艺与数字技术结合,传承与创新民族文化,扩展与深化文化内涵,涵盖金属、木艺、陶艺、传统印刷、纤维皮革工艺、包装工艺等,为民族文化传承创新设计提供设计制作平台。

（二）构建教育合作机制平台

在旅部"非遗"司和教育部职成司的大力支持下，由知名企业和职业院校牵头，依托全国百家开设艺术类专业的高职院校，对接当地百座文化名城，开展文化创意设计教育，发挥各地优势和特点传承民族文化。针对各高校所在城市的国家级非物质文化遗产项目，运用高校创意工作室机制，在实训环节、毕业作品设计阶段进行非物质文化遗产项目的数字产品、动画、漫画、影视、广告、手工等方式的创作。通过参加传承人的讲座，查阅相关材料，选择作品创作方式，融入自己的思考，创作出具有中国传统文化元素或内涵的作品。

（三）共建教育传播服务平台

与相关行业协会合作，共建中国非物质文化遗产教育传播中心。基于互联网+"非遗"，数字化传播方式更适合于当今互联网学习时代，让非物质文化遗产通过数字化手段进校园、进课堂、进教材，创新非物质文化遗产保护与传承新模式，形成民族文化应用传播新渠道，加强优秀民族文化教育与实践，培养民族文化传承创新人。

（四）组建政校企行联动平台

整合旅游品产业、文创产业等相关的政府、行业、企业资源，搭建"旅游商品产学研联盟"高端平台；把非物质文化遗产项目引进校园，保障民族文化传统技艺传承和文创产品设计开发；创建完善"联盟"机制，实现多方合作；建设专业教学实训基地，培育文化创意设计职业人和青年教师；以全国创意大赛项目为载体，专题研讨职业院校相关专业建设，传承民族文化传统技艺。形成旅游商品产业与设计创意、教育培训协同发展网络，构建展示、交流旅游商品策划方案、项目成果、个人成就和创新理念的平台，致力于让创意从产品变为商品，致力于民族文化资源市场化开发。推动高职教育产学研一体化育人进入一个新的阶段，实现职业教育改革更加深入发展，取得更大成效。

借助"旅游商品产学研联盟",我们聚合了北京及周边旅游品产业、文创产业等相关的行业、企业资源,首先从众多的"非遗"项目中遴选了北京御用工艺、国家非物质文化遗产景泰蓝制作技艺等项目,聘请中国工艺美术大师、北京珐琅厂总设计师钟连盛及工艺大师入驻校园,以专家授课的形式让学生与工艺师及技师们一道学习并掌握整套的景泰蓝传统工艺技艺与流程,学会传统制作工艺,领悟中国历代艺术风格和民族精神,并应用于产品创意和设计之中。

五、创新教育教学模式

为了更好地传承中华传统文化,在民族文化传承与创新专业教学资源库项目建设与实施过程中,逐渐摸索并形成了一套行之有效的教育教学模式和方法。

(一)"六步"融通学习法

它是关注人(学习者)、活动(学习行为)与随兴(学习心理)而设计的理实一体、知行合一的学习方法,它将游走、饱览、获知与手绘、感悟、致用六个教学环节有机结合,通过有效地组织和引导教学,从而实现课程目标,它是一种基于水平思维的教学设计,变革传统艺术理论课程的垂直思维的教学方式。通过"走、看、知、临、悟、用"六步,学与教互动、看与做实践、知与行合一,拓宽眼界,培养具有民族艺术素养、传承创新技艺的准职业人和兴趣爱好者。

1. 人、活动与随性的学习方法

学习者是教学主体,教学设计首先要满足各类学习者个性化、跨时空的学习需求,遵循人的认知规律,引导学习者从感性认知逐步深入到能够掌握理性探究的方法;

将学习行为分为"走、看、知"与"领、悟、用"两个层面,实施教学以知行合一为目的,知会交替、理实相融;

借鉴"翻转课堂"的教学理念，打破校内校外、课上课下的界限，将传统的"一言堂"与网络课堂、移动课堂联动互动，营造自由、轻松的艺术学习氛围，使每个学习者不仅能够随心随性成为真正的学习主人，还是传统装饰艺术、民族文化与技艺的传承人、传播者。

2.关注兴趣爱好与专业学习两个需求层面

温馨提示：学习者须首先明确自己的学习需求，比如是兴趣爱好还是专业学习。

（1）适合兴趣爱好学习者的学习手段

根据兴趣爱好者的学习需求，建议采取"走、看、知"的学习手段实施教学。

"走"：引导学习者利用业余时间走进博物馆，或就近安排历史古迹短期旅游，或网上浏览古迹，或走进传统文化产品生产和销售市场、文化艺术集聚区、创意市集等实地参观考察；应纳入学习计划，提前安排。

"看"：一方面是走出去看，另方面也可在线观摩。通过推介观看一定数量的传统装饰艺术经典作品图片、微课视频和相关"非遗"项目宣传片等，从感性认知提升到理性赏析。

"知"：不仅指知识，主要是指知晓、了解。结合相关专业基础理论知识，引导学习者学会用专业的眼光去看，积累学习经验，获得更多的专业知识和学习方法。

（2）适合专业学习者的学习手段：

根据专业学习者的需求，建议采用"临、悟、用"学习手段实施教学。

"临"：临摹是让学习者通过亲手绘画，深入掌握学习内容的一种重要体验。有计划地安排动手临摹典型装饰纹样和器型（手绘色彩稿和线描）的学习任务，定期组织手绘稿展示交流，创造技艺切磋的平台空间

"悟"：指学习者的领悟、感悟、顿悟。主要以文字与语言方式来表达，撰写"微论文"进行归纳总结，用"精语言"在面授课堂和线上交流；将前面"走看知"和临摹的学习体验融入对中国传统文化内涵的感悟，这时

的学习已经开始步入学习研究的深度。

"用"：这是学习"传统装饰艺术"的终极目标。将中国元素经过提炼加工，有机融入某个单一或小型的设计项目中，初步尝试创意设计与实际应用的方法。增强学习者艺术修养，并为后续课程的学习奠定基础。

提示：临、悟、用学习手段比较适合具备一定美术基础和设计能力的学习者。

对于兴趣爱好和专业学习两个需求层次的学习者而言，以上教学实施"六步法"，并不是单纯地理解为教学只能从前后时间顺序上去安排，不是必须"走、看、知"学完，才能开始"临、悟、用"，它们之间并没有直接的因果、逻辑关系，而是为了便于两类需求学习者根据自身情况，在选择不同的学习途径和方法时能够有所侧重。"临摹（或写生）、感悟、应用"与"游走、观看、认知"始终是一个有机统一而交互的整体，如先从书本、课堂获得一些理性知识，再去博物馆看实物，可以加深感性认识。或先临摹自己喜欢的传统纹样，再去古迹实地游览或网络查找，了解更多时代、文化背景知识，也会有不一样的感悟和体会。

因此，"六步法"将在学习过程中反复更替、穿插而相互作用，从而训练学习者逐步掌握专业知识与技能，积累经验，养成良好的学习习惯，提升自身综合素质和专业能力。

（二）"双轨交互并行"项目教学法

1."双轨交互并行"项目教学模式解析

"双轨交互并行"项目化教学模式是基于校企合作而提出的一种全新的项目实战教学模式，其核心是将企业的真实项目执行过程与学校仿真项目教学过程交互并行执行。"双轨交互并行"教学模式是：A、B双轨在同一时间段内，针对同一个真实项目进行设计。在"并行"环节，A轨是指由企业设计师真实执行某种项目，B轨是指学生在教师指导下进行仿真、真实项目设计；"交互"环节，A轨中的企业专业人士和B轨教师分别从行业和教学的角度，以"讲解""示范""点评"和"问答"等方法来指导学生。学生在教师的指导下与 A 轨同期完成工作任务。

2. "双轨交互并行"项目教学模式实施

在教学过程中，A 组根据工作任务及进度要求，按照企业典型的运作流程执行项目时，根据教学设计，将 B 组学生按照项目特点和教学效果的考量，分成小组，指定岗位，同 A 组设计人员一样接受工作任务，且严格按照同样的流程、规范和要求，完成各阶段的项目设计草案、初稿、修改稿，直至完成稿。

根据项目运作流程，需要召开内部研讨会时，A、B 组人员应同时参加。A 组教师除在会上按照项目运作常规，进行方案阐述、审议和其他相关工作研讨沟通外，还应根据预定程序，结合项目实际及对比 A 组方案，点评和指导学生的方案，并通过互动的答疑和讲解，向学生传授相关专业能力和工作方法，介绍相关专业工作流程和规范。

在具体设计制作工作中，由 B 组教师负责学生设计制作实践的协调、辅导、工作态度、纪律的督导，以及进度、质量的监控，保证学生以近似正式员工的状态，切实去体验和适应课程预定的专业工作情境。A 组项目负责人根据需要，向 B 组指导教师进一步说明 B 组学生的阶段性工作任务；流程员除监控 A 组专业团队的运作外，同时对 B 组各小组学生的进度及规范化运作进行检查与反馈，并根据 B 组学生"项目进度记录表"中阶段性的子任务时间节点，按时收集汇总 B 组学生的工作结果，并交给 A 组主设计师。A 组主设计师如检查发现 B 组学生的阶段性工作结果有重大偏差，则及时向 B 组指导教师反馈，以便其指导学生更正；虽然学生们的设计方案在项目中被真正采纳的概率较低，这也不是此课程的目的，但教师仍应鼓励学生依照未来真实工作的职责和状态，发挥各自的创意，并以此为依据去尽力实现。而如确实有的学生的设计很有创意或制作技术接近工作水平，A 组教师也应积极吸收和采用他们的创意思路，并和 B 组指导老师共同研讨确定，将该学生调入 A 组，作为设计师的助手进行"顶岗实习"。

3."双轨交互并行"项目教学模式特点

通过"双轨交互并行"项目教学模式,优化了"双师结构"的教学团队,给学生创造出真实的工作情境,在实际项目驱动下,将项目运作和教学紧密结合,实践与学习融为一体,并可使专业人士和专职教师扬长补短,实现行之有效的工学结合,使学生在基于工作过程的真实流程和进度要求中,具备某一特定领域的专业能力、实践能力和社会能力,得到符合行业标准的职业能力锻炼。

采用"双轨交互并行"项目化教学模式有如下优点:

(1)避免纯粹由学生承接真实项目造成不能达到客户要求延误设计工期的弊端。

(2)学生在跟进项目的同时可以向设计师学习行业经验,为下一步顶岗实习奠定良好的行业基础。

(3)双轨指导教师在指导学生进行项目设计的同时,通过案例分析、启发引导、项目点评等方式,启发并引导学生在做项目的过程中总结设计方法及相关的设计理论。

(4)便于对学生进行形成性评价,推动教师点评、学生互评、行业参与评价的评估机制。

学生在专业人员组成的项目团队带领下,以A、B组双轨交互并行运作的方式,完整经历项目的全过程,通过与培养目标一致的各类综合、复杂程度的工作任务的实战锻炼,使职业能力接近目标就业行业专业人士的基本标准。

(三)"六艺"贯通人才培养模式

以中华非物质文化遗产为载体,以"在保护中传承,在传承中创新;为民族守艺,为文化存根"为宗旨,以培养民族文化传承创新职业人为目标,南向彩云之南户撒刀之乡,西走甘肃临夏积石山县,从中原浚县泥咕咕到江苏无锡惠山泥人,以传承文化、传习技艺为己任,寻访我国金属工艺、泥塑两大类非物质文化遗存,建设国家级职业教育民族文化传承与创新专业教学资源库，最大程度地促进民族文化的保护与传承、创新与应用。

　　为了进一步深化"工学结合、校企合作"的人才培养模式改革，在民族文化传承与专业人才培养融合的教育教学实践中，在民族文化素材采集加工、教学资源开发、机制模式创新、职业人才培养等方面做了大量探索与实践。创新并形成了民族文化传承"六艺"贯通教学模式。保护、传承、学习、创新、传播、应用"六维"融合共促非物质文化遗产发展，"专业守艺、大师传艺、学生学艺、师生用艺、社会展艺、多方弘艺"的"六艺"贯通共育民族文化传承职业人，实现专业人才培养与非物质文化遗产传承对接，促进非物质文化遗产继承的群体化，使民族文化创新应用能力和人才培养质量得到显著提升。

　　1."非遗"标准化采集加工，为民族文化保护专业守艺

　　（1）遵循行业企业规范，采集"非遗"素材

　　运用相关数字技术手段，采集加工"非遗"素材，有的是国家级、省级传承人或技艺大师口传心授加以传承的手工技艺；有的是珍贵的工艺作品和相关资料；而有的是因为原料稀缺、濒临消失的"非遗"种类，为"非遗"保护传承累积了大量原始资料。与专业企业合作开发，按照相关企业行业规范标准处理、后期制作，将资源库中所有文献经过标准化整理，图片资源均兼顾浏览及印刷需求，视频、动画均可跨媒体播放。

　　（2）"非遗"素材整理加工转化，方便不同用户学习与领悟合理利用、传承发展，把保护传承和开发利用"非遗"结合起来，将大量的"非遗"素材资源转化为文化产品。主要包括：为青少年和儿童开发的动画体验；为感兴趣的爱好者开发多媒体产品介绍；为初期学习者开发电子书展示；为专业学习者开发专业课程和技艺培训课程及微课程；针对移动互联网开发微信平台、App互动产品、电子读物等。面向不同用户，全方位、跨平台、全媒体展示"非遗"技艺，面向教育和社会共享资源，领悟传统文化的精髓，为保护民族传统文化而专业守艺。

2. 技艺大师进校园课堂，为民族文化留根——大师传艺

（1）技艺大师进校讲座和授课，传授传统文化知识和技艺

面向文化创意产业，结合专业建设和文化素养提高的需要，聘请工艺美术大师，把"非遗"项目引入校园、带进课堂，面向职业教育和继续教育，举办专题讲座，通过专业教学传授传统文化知识和传统技艺

（2）创建大师工作室，共育文化传承职业人

固化传承模式，创建技艺大师工作室，大师深入艺术设计专业群建设，参与制定专业人才培养方案，建立专业课程体系，参与开发核心课程及实践教材建设，参与现代设计理念应用于传统工艺创新方法的课题研究，共同完善"大师工作室"运行管理机制，保障民族文化传统技艺传承，培养文化传承职业人和青年教师。

3. 与教育教学深度融合，为民族文化传承——学生学艺

（1）开发教学案例，促其向教学固化

将优秀师生作品从教学任务指导书、实施说明、过程文件包三部分转化为教学案例；相关行业企业技艺大师产品从创意来源、设计过程、工艺过程、成品展示四个方面开发企业案例。促使其向教学固化，为民族文化传承教育教学提供参考，为学生学艺提供鲜活的学习资源。

（2）互联网+课程融合，实现课上课下、校内校外贯通培养传统文化与课程融合，开发面向学习者自主学习的结构化专业课程；开发面向"非遗"技艺传承与创新，包括文化内涵、艺术特色、技艺实践三个模块的技艺培训课程；开发专题设计明确、技术手段细腻、专业知识深入、教学设计完整的微课程。开发网络课程纸质教材，"非遗"项目赏析编著丛书，移动互联网平台电子书，实现课上利用传统网络系统学习到课下利用移动互联网碎片化学习的全过程贯通培养。

4. 助推产学研用一体化，为民族文化创新——师生用艺

（1）举办技能竞赛，"政校企行"协同创新

融合当地传统文化，设置主题，呈现鲜明的地域文化特色，参与或组

织技能大赛，通过技能大赛搭建学校办学与区域经济联动互动的平台，探索"政企校行"四方联动文化育人的创新机制。成功举办全国旅游商品设计大赛；全国职业技能大赛获金奖 6 个、银奖 12 个，市级职业技能竞赛获金奖 20 个。

（2）与师生创作融合，促其向市场转化

采用课上与课下紧密结合的方式，课上工美大师传承技艺，专业教师采用理实一体化教学，"双师"共同对学生进行传授和指导；课下以项目小组为单位，学生自主学习，教师指导创作，围绕真实项目共同研讨开发。并将创作成果推向文化创意及旅游商品市场，成功开发"非遗"项目文创产品 40 余件套。

（3）与教师科研融合，促其向应用研究领域深化

圆满完成国家级职业教育民族文化传承与创新专业教学资源库项目，累计资源建设经费 600 余万元；成功申报国家级职业教育民族文化传承与创新专业教学资源库升级改进项目，累计建设经费 320 万元。传统文化应用与教师科研融合，促进其向应用研究领域深化，为民族文化传承创新提供理论依据与技术支撑。围绕民族文化传承与创新，申报省部级等横纵课题多项，累计课题经费 200 余万元，申请学生科技创新团队经费 70 余万元。资源库建设与教师教科研融合的模式给传统技艺应用研究提供了借鉴，也为行企从业者、专业学习者提供了学习民族文化的平台。

5. 创新成果展示与交流，为民族文化传播师生展艺

（1）与学生社会实践融合，提高对传统文化的认知

传统文化体验与学生社会实践、创新创业实践融合，与大学生思想政治教育融合，在校园播种，在社会传播，学生既是民族文化保护传承的生力军，又是民族文化创新传播的主力军，促进学生自主学习意识与参与意识，提高对传统文化认知的自觉性和自信心。

（2）参加大型展览展示会及交流会，推介民族文化传承创新成果

大力弘扬民族文化，向社会推介民族文化传承创新成果，民族文化传

承与创新专业资源库建设成果先后参加义乌中国国际旅游商品博览会、中国（北京）国际服务贸易交易会、北京国际文化创意产业博览会、中国职业教育活动周、北京国际大学生时装周、中国设计节、深圳文博会深职院"海峡两岸暨香港、澳门高校优秀创意作品交易促进展"等10余次大型展览展示会，产生了较大的市场反响和社会效应。同时，与北京市琅厂有限责任公司等多家公司开展文创产品开发与市场推广；与山东家庄泥塑、陕西凤翔泥塑、马勺脸谱签订创新设计及衍生品开发协议，并挂牌建立校外实训基地；完成内蒙古鄂托克前旗职业高中手工民族工艺品研发与制作专业建设。

6. 构建多元化应用平台，为民族文化发展——多方弘艺

"政校企行"联动，搭建民族文化传播、传承、转化、开发等多元平台，为民族文化发展多方助力。一是基于国家级职业教育民族文化传承与创新教学资源库，联合20所院校、26家企业、13个机构，构建教学资源建设平台。二是以国家级非物质文化遗产景泰蓝制作技艺传承人"中国工艺美术大师"钟连盛为带头人，北京市琅厂有限责任公司作为牵头企业，联合20余位工艺美术大师，共建传统金属工艺工作坊。三是依托全国百家开设艺术类专业的高职院校，对接当地百座文化名城及非物质文化遗产项目，发挥各地优势和特点传承民族文化，开展文化创意设计教育，构建教育合作机制平台。四是面向首都文化创意产业，整合北京艺术行业专家、大师及行业协会等相关资源，组建了"旅游品产学研联盟"，形成旅游商品产业与设计创意、教育培训协同发展网络。五是联合北京经济技术开发区三十余家文创企业共同打造文化创新产业联盟，不断整合区内、外文化创新产业力量，构筑创意产业集群、园区及创新空间发展的合作平台加快文化元素与产业的研发、设计、营销等环节的融合融入，推动文化创意教育、产业与科技等其他产业融合发展，助力北京文化创意产业协调发展。

让"非遗"进校园、进课堂、进教材，入脑、入心、入手，在保护中传承，在传承中创新。"政校企行"有效合作，产学研联动互动，与民族文化有

效融合，与文化创意产业充分对接，专业守艺（保护）、大师传艺（传承）、学生学艺（学习）、师生用艺（创新）、社会展艺（传播）、多方弘艺（应用）"六艺"贯通人才培养模式；走、看、知、临、悟、用"六步"学习法；"双轨交互并行"项目教学法；学、做、用、展、演、销"六维"一体的艺术设计育人机制，是积极探索工艺传承学校教育模式较为成功的尝试，在培养民族文化传承创新职业人方面取得良好成果。

（四）解决教学问题及方法

1. 解决主要教学问题

①将碎片化、庞杂的民族技艺整理成规范、系统、科学的教学资源，解决可学、易学、乐学的民族文化资源不足及优质资源共享的问题。

②改变"非遗"保护与传承脆弱的传统方式，探索民族文化传承学校教育新模式。

③促进民族文化教科研成果固化、深化和转化并发掘民族文化的市场价值。

④有效构建"政校企行"合作平台，形成民族文化传承创新长效机制。

2. 解决教学问题的方法

①数字化保护，实现民族文化优质资源共享及系统规范整理。

应用信息网络技术和数字媒体技术，按照行业规范和职业标准，"政校企行"共建大容量、共享型、互动式、持续更新的职业教育民族文化传承与创新专业教学资源库，解决资源与需求的突出问题，实现优质资源共享，满足文化创意产业转型升级的需要，满足培养民族文化传承创新人的需要，把民族文化从平面传播保护向交互立体化传播、主动式传承创新转化，不断促进民族文化资源条理化、结构化和系统化的加工和整理。

②教育化传承，促进专业人才培养与民族文化传承有效对接。

"非遗"进校园、进教材、进课堂，与专业课程整合、与社会实践融合、与师生创作结合，创建大师工作室，大师参与教育教学全过程。充分发挥学校教育在工艺传承中的主导作用，积极探索工艺传承的学校教育模式，改变非物质文化遗产保护和传承脆弱的传统方式，实现专业人才培养与非物质文化遗产传承对接，促进非物质遗产继承的群体化，拓展民族文化创新应用的广度和深度，使学生的民族文化传承意识、民族文化创新开发应用能力、作品的艺术表现力得到提高，人才培养质量和社会美誉度不断提高，有利于促进民族文化延续和积淀。

③应用化实践，提升师资队伍的教科研及专业创作能力。

民族文化传承创新成果开发百余个教学案例，促其成果向教学固化；传统文化与教师创作融合，开发多件套文创作品，促其成果向产品强化；传统文化与教师科研融合，成功申报多项科研课题，促其成果向应用研究领域深化；与"非遗"传承人签订创新设计与衍生品开发协议，并建立"非遗"项目校外实训基地，促其成果向市场转化。师资队伍的专业创作和文化视野不断拓展，逐渐形成了一支专业教学能手和科研创作强手并重的师资队伍，不断促进民族文化更新和发展。

④平台化弘艺，助力民族文化"学、研、产、用"融合发展。

以培养民族文化传承创新职业人为目标，构建民族文化传承创新资源建设、技艺传承、成果转化实践、市场化开发、文化教育传播等多个学、研、产、用一体化多元平台，创新"非遗"保护与传承新模式，民族文化传承创新长效机制逐渐形成，为民族文化发展多方助力，不断促进民族文化交流和整合。

六、成果创新应用效果

（一）成果创新点

1.资源平台构建，实现优质资源共建共享共用

按地域性、代表性、现实价值选择国家级非物质文化遗产作为资源载体，资源具有深刻的民族文化内涵和厚重的历史沿革。按行业规范采集，保留原汁原味的传统技艺；按企业技术标准制作，资源呈现富媒体、跨终

端特性；按教育教学规律开发，资源体现可学、易学、乐学的学习性。联合多家"政校企行"构建具有国内外先进水平的大容量、共享型、互动式、持续更新的国家级职业教育民族文化传承与创新专业教学资源库。素材采集选项全，加工整理数量多，应用领域范围宽，媒体类型传播广，学习受众辐射大，数字技术制作精，资源建设质量较高，最大程度地促进民族文化的保护与传承、创新与应用，解决资源与需求的突出问题，实现优质资源的共建共享共用。

2."四化"方法实践，有效传承与弘扬民族文化

充分发挥职业教育在民族文化传承创新中的基础作用、服务作用和促进作用，通过数字化保护、教育化传承、应用化实践、平台化弘艺"四化"方法，克服民族文化传承与创新的信息缺失、表现缺失、机制缺失等问题，实现民族文化从单一的本体保护向内容保护、技艺传承、大众传播、应用创新等立体化传承与创新转化。促进职业教育与民族文化产业对接，增强职业院校服务区域经济实力，加速构建民族文化智能化、网络化的自主学习学习环境，拓展民族文化终身教育、大众学习的社会服务能力，为民族文化保护传承与创新应用提供可借鉴范例。

（二）成果推广应用效果

1.教育教学成果展示推介，展现民族文化魅力

（1）资源共享，面向全国院校辐射

民族文化传承创新教学资源库平台面向院校广大师生提供在线学习、离线下载学习、在线备课、在线上课、网上测评等教学支持，使"非遗"素材、专业课程、技艺培训课程、微课程、课程教材、"非遗"丛书等资源快捷、高效地在国内各职业院校中得到推广使用，累计推介院校200余所，产生较大辐射范围。

（2）多元平台联盟，面向行业企业推介民族文化传承与创新建设成果不仅满足了在校师生教育教学需要，也可以满足企业员工、社会学习者职业提升和继续教育的需要，通过多个产、学、研、用一体化多元平台，

与多家"政校企行"多层面、全方位结成共建共享共用联盟,推广"非遗"素材、技艺培训课程、产品创新案例、"非遗"丛书、电子读物等资源,累计推介企业100余家。

(3)展览展示,面向社会推广

通过北京国际文化创意产业博览会、中国职业教育展示周等10余次大型展览展示会,以及光明日报、中国教育报、北京晨报等多家平面纸质媒体,民协《缤纷》杂志专刊,新华网等多家网络媒体,面向社会展示和推广民族文化传承与创新建设成果,传播中华民族传统文化。

(4)多种路径,面向国际传播

通过学术研讨、技艺培训、交流互访等多种交流形式,运用动画、多媒体产品等多种媒体手段,面向10余个国家传播优秀民族文化,展示民族文化魅力,增强民族文化影响力。

2.教育教学成果应用实践,弘扬民族文化精髓

(1)学习应用——设置校级公选课

充分利用民族文化传承与创新建设成果,跨学院、跨专业设置10门校级公选课程,传承、创新、传播民族文化,提高学生传统文化素养,有效提高资源的使用率。累计选课达2000余人次。

(2)教学应用——融入专业教学

资源库建设任务与艺术设计相关专业理实一体课程、专业实践课程、毕业设计相融合,与学生社会实践相融合,师生既是资源库的建设者和参与者(学生优秀作品入库),同时也是资源库的使用者和受益者(使用资源库资源进行教学与创作)。多媒体设计与制作、电脑艺术设计、广告设计与制作、产品设计、影视制作等专业使用资源库资源进行专业教学的平均百分比达72.6%。

(3)设计应用——创新产品设计开发

资源库建设任务与师生、技艺大师的创作融合,先后开发传统金属工艺与泥塑工艺美术相关产品40余件套;开发动画、电子读物、App等系

列数字作品 60 余个；校企合作少儿版启蒙动画系列片《西游记的故事》在央视、北京卫视、浙江卫视等全国二十余家电视台播出，2013 年度被国家新闻出版广电总局评为"国产优秀动画片"，2014 年在中国国际动画节上获"金猴奖"，并开发系列衍生品，对民族文化传承创新应用做了有益的探索与实践。

（4）科研应用——课题研究与实践

以民族文化传承与创新为载体，先后申报了 4 项省部级科研课题、6 项市教委面上科研课题、22 项校级重点科研课题，23 项横向科研课题及多项大学生创业与科研行动计划项目，为民族文化传承与创新奠定了一定的理论基础与学理依据。

（5）服务应用——搭建面向社会多元平台

以教学资源库项目为依托，搭建民族文化传承创新资源建设、技艺传承、成果转化实践、文化教育传播、市场化开发等多个产、学、研、用一体化多元平台，应用资源库建设的业务标准和技术标准，完成社会和企业项目 5 个，签订"非遗"项目创新设计与衍生品开发协议 3 个，服务社会功能逐渐显现。

（三）未来升级改进思路

1. 设计个性化的学习路径

融合"互联网+"传播理念，以学习者为中心，以学习目标为依据，为不同层次的学习者订制适合的学习路径，有效导引学习者学习，有效供给学习资源，使用户能够按合适的学习路径进行个性化的学习。

2. 升级移动互联网资源开发

随着移动互联网的升级和普及，不仅使人们的生活方式发生了改变，而且学习方式也随之产生变化。利用移动智能设备，碎片化时间学习已成为许多人的选择，有效开发移动互联网传播的学习资源也已成为现状。

3. 不断丰富和完善资源建设内容

从保护技艺的完整性、传承技艺的历史性、创新技艺的发展性角度，深化已有的传统金属工艺与泥塑工艺美术子库中的"非遗"项目建设,适度增加相关的"非遗"项目内容,拓展民间美术相关"非遗"项目,为民族文化传承与创新专业教学资源库建设提供分类参考,为中华传统文化教学资源开发提供类型化的借鉴案例,为民间美术大系数字化构建打下坚实基础,为教学服务,为文化创意产业服务。

4. 不断深化民族文化传承创新模式

继续实施与深化民族文化传承创新"六艺"贯通模式,学、做、用、展、演、销"六维"一体艺术设计育人机制,更新数字化保护手段,创新教育化传承模式,扩大平台化弘艺范围,拓展市场化开发渠道,保护、传承、创新、传播中华传统文化,不断助推文化创意教育与文化创意产业融合发展。

参考文献

[1] 韩晓燕. 新媒体环境下优秀传统文化传播机制研究 [M]. 北京：经济日报出版社，2019.01.

[2] 王坤. 中国传统文化元素与艺术设计实践研究 [M]. 长春：吉林人民出版社，2019.11.

[3] 王巍，刘正宏，孙磊. 数字造型基础"非遗"数字化应用 [M]. 北京：中国轻工业出版社，2016.05.

[4] 郑轶. MR 数字化可视艺术与文物保护 [M]. 北京：文化艺术出版社，2017.06.

[5] 张丽丽. 新型城镇化进程中村镇传统文化的数字化保护与传承 [M]. 哈尔滨：哈尔滨工业大学出版社，2020.08.

[6] 故宫博物院. 传统文化 × 未来想象 [M]. 北京：故宫出版社，2020.01.

[7] 伍韬作. 当代传统文化与素质教育研究 [M]. 北京：北京工业大学出版社，2023.04.

[8] 张岂之. 中国传统文化 [M]. 北京：高等教育出版社，2023.03.

[9] 孟庆国. 中国传统文化选粹 [M]. 长春：吉林教育出版社，2023.02.

[10] 王旋作. 视觉传达设计中传统文化元素的运用与创新 [M]. 北京：中国商业出版社，2023.02.

[11] 中国传统文化概论 [M]. 北京：高等教育出版社，2023.01.

[12] 袁荣高，张波，欧鋆. 中国传统文化教育 [M]. 成都：电子科技大

学出版社，2019.05.

[13] 姬喆，蔡启芬，张晓宁. 中国传统文化元素与艺术设计实践 [M]. 长春：吉林文史出版社，2021.05.

[14] 姬相轩，张雪. 传统文化数字化的三段论 [J]. 现代视听，2009（2）.

[15] 刘向春，宋伟. 大数据条件下民族传统文化数字化保护研究探析 [J]. 中央民族大学学报：自然科学版，2016（3）.

[16] 郑向阳. 新媒体语境下传统文化数字化演绎与传承 [J]. 中国报业，2016（18）.

[17] 高卫华，贾梦梦. 传统文化数字化传播有待解决的几个问题 [J]. 当代传播，2016（2）.

[18] 周建新. 中华优秀传统文化数字化：逻辑进路与实践创新 [J]. 理论月刊，2022（10）：82-88.

[19] 宗少鸽，刘子建. 丝绸之路沿线传统文化数字化发展路径探析——以敦煌"数字供养人"计划为例 [J]. 出版广角，2019（23）.

[20] 肖锟，卢玉. 基于大数据的民族传统文化数字化保护分析 [J]. 信息通信，2019（5）.

[21] 许映翔. 传统文化数字化发展对动画影视产业的影响 [J]. 赤子，2017，（027）.

[22] 杨竹音. 浅析传统文化作品的数字化 [J]. 视界观，2021，000（015）：P.1-1.

[23] 李宏涛，蒋大勋. 大数据下民族传统文化数字化保护的相关探讨 [J]. 2020.

[24] 朱雨寒，蒋旭峰. 传统文化的数字化创新与数字化传播策略 [C]. 2023.06.

[25] 赵治. 微拍堂：传统文化行业数字化转型破风者 [J]. 2023.06.

[26] 梅兵. 提炼和弘扬教育家精神 推动传统文化数字化传播 [J]. 上海人大月刊，2023（4）：1.

[27] 邵瑞.以传统文化数字化转型拓展干部政德教育路径研究[J].菏泽学院学报,2022,44(6):5.

[28] 周建新.中华优秀传统文化数字化:逻辑进路与实践创新[J].新华文摘,2023(5):4.

[29] 韩泉叶,张耀民.中华优秀传统文化数字化与框架体系探索[J].陕西开放大学学报,2023,25(1):9.

[30] 伍戈.探讨新媒体时代传统文化数字化传播[J].中国报业,2021(17):2.